2014年度浙江省哲学社会科学重点研究基地临港现代服务业与创意文化研究中心课题
《宁波百年报纸广告研究(1899–1999)》，课题编号：14JDLG03YB

宁波报纸广告研究
(1899-1999年)

Research on Ningbo Newspaper Advertising
(1899-1999)

戎 彦 著

上海交通大学出版社
SHANGHAI JIAO TONG UNIVERSITY PRESS

内容提要

　　本书以宁波市图书馆官方网站中"地方老报纸"数据库为基础资源,梳理了百年宁波报纸广告的发展历程,分阶段分析了每一时期广告的特征、有代表性的广告创意与广告现象,是第一次对宁波百年报纸广告进行的整体性研究,注重广告与社会、文化互动的视角。作品首先概括性地分析了宁波百年报纸(1899—1999年)数据库及广告的基本情况,之后分别分析了不同时期的宁波报纸广告:《德商甬报》"告白"高调起步(1899)、广告稳步发展阶段(1910—1919)、广告迅速发展阶段(1920—1930)、报纸种类最多的深入化发展阶段(1930—1939)、徘徊中的广告(1940—1949)、延续、凋敝到空白(1950—1979)、恢复发展到多姿多彩(1980—1999)。

图书在版编目(C I P)数据

　　宁波报纸广告研究. 1899—1999 年 / 戎彦著. —上海:
上海交通大学出版社,2018
　　ISBN 978 - 7 - 313 - 20660 - 2

　　Ⅰ.①宁… 　Ⅱ.①戎… 　Ⅲ.①报纸-广告-研究-宁波-
1899 - 1999 　Ⅳ.①F713.8

　　中国版本图书馆 CIP 数据核字(2018) 第 273449 号

宁波报纸广告研究(1899—1999 年)

....

著　　者:戎　彦				
出版发行:上海交通大学出版社		地　　址:上海市番禺路 951 号		
邮政编码:200030		电　　话:021 - 64071208		
出 版 人:谈　毅				
印　　刷:当纳利(上海)信息技术有限公司		经　　销:全国新华书店		
开　　本:710mm×1000mm　1/16		印　　张:10.25		
字　　数:150 千字				
版　　次:2018 年 12 月第 1 版		印　　次:2018 年 12 月第 1 次印刷		
书　　号:ISBN 978 - 7 - 313 - 20660 - 2/F				
定　　价:58.00 元				

前　言

戈公振在《中国报学史》序言中,关于报纸的价值,有如下论述:"盖报纸者,人类思想交通之媒介也。夫社会有机体之组织,报纸之于社会,犹人类维持生命之血,血行停滞,则立陷于死状;思想不交通,则公共意见无由见,而社会不能存在。有报纸,则个分子之意见与消息,可以互换而融化,而后能共同动作,如身之使臂,臂之使指然。报纸与人生,其关系之密切如此。①"20世纪的报纸经历了发展至黄金时期再到巅峰的历程,是社会最重要的信息发布载体,作为报纸经济命脉的广告也在百年间获得了迅速发展。

在广告的各研究领域中,较之理论广告学和应用广告学,历史广告学的研究相对薄弱。历史广告学又以通史为主,之后开始出现分阶段的断代史研究,包括古代、近代、当代的分别研究。同时,细分区域的研究也开始增加,有以具影响的媒介为核心的,如《申报》《大公报》等,也有以一城某一时期广告为核心的研究,通常是广告比较发达的区域,如北京、深圳等。时间与空间的细分化之外,广告与社会文化的互动也成为研究的趋势。

进入数字化时代后,20世纪及之前的报纸获得了新生,这些珍贵的资料

---

① 戈公振,中国报学史,上海古籍出版社,2014年,自序.

不仅得以永久保存，也为研究提供了极大的便利，本课题即是以老报纸数字资源库为基础展开的。

宁波市图书馆官方网站中的"地方老报纸"特色数据库，收录了 1899—1999 年一百年间在宁波出版的 29 种地方报纸，包括《德商甬报》《四明日报》《时事公报》等宁波历史上极负盛名的报纸。虽然早期报纸还有较多缺失，但数字化的资源库于宁波百年报业、新闻、广告及政治、经济、文化的多领域而言，都是具有参考和研究价值的资料，老报纸数据库的建设可谓"功在当代，利在千秋"。

《宁波报纸广告研究（1899—1999 年）》梳理了百年宁波报纸广告的发展历程，分阶段分析了每一时期广告的总体特征及有代表性的广告创意与广告现象，是第一次对宁波百年报纸广告进行的整体性梳理。由于研究能力所限，尚不足以称之为"史"的研究。另外，研究主要集中于商业广告，对社会广告的关注明显不足，也是研究所留的缺憾，有待后续相关研究继续完善。

目　录

第一章 宁波百年报纸数据库概况及 广告发展脉络梳理

　　老报纸的史料价值已经得到社会的充分认可和关注,而数字化的技术更是赋予老报纸新的生命,也为各领域研究这些史料提供了极其便利的条件。

　　作为最早的大众传播媒介、20世纪最主要媒介之一的报纸,在启迪民智、传播信息、引导舆论、社会监督、休闲娱乐等方面,都发挥着重要的作用。收录在图书馆中作为史料珍藏的老报纸,依然有着不容忽视的历史和文化价值。建立数据库、永久性保存老报纸只是最为基础的工作。研究这些珍贵的史料,从其中发现社会的变迁、文化的传承、区域的特色、人们的生活,才是这些老报纸数字化真正的意义所在。在这其中,报纸的核心内容新闻和报纸的经济命脉广告当属其中最为重要的内容。

第一节　宁波百年报纸(1899—1999年)数据库概况

　　宁波市图书馆在线服务"宁波特色数据库"中有一项内容就是地方老报纸,这个名为"宁波市图书馆馆藏地方报纸(1899—1999年)"的数据库,收录了宁波一百年间出版的29种地方报纸,可以按题名或撰稿人输入关键词进行检索,也能按日期或具体报纸进行检索,能在线浏览,也提供可下载的PDF版本。这个数据库中的报纸为我们研究百年宁波的变迁提供了重要的基础性资料。

　　宁波市图书馆馆藏地方报纸(1899—1999年)数据库是免费开放的。目前,对于和这个数据库类似的数字化资源库的建设还处在起步阶段,发展速度比较慢,对这些资源的利用自然也还非常不充分。各领域的研究人员都应重视这些史料,最大程度地开发出它们的价值,让这些老报纸真正获得"新生"。

　　宁波馆藏地方报纸数据库收录的地方报纸,包括宁波历史上第一份报纸《甬报》,1949年之前宁波出版时间最长、发行量最大的报纸《时事公报》,在宁波影响力非常大的《四明日报》,民国时期宁波重要的经济报纸《宁波商报》等。说这个数据库是宁波百年历史缩影也并不为过,20世纪宁波的新闻事件、民俗风情在这里都清晰可见。PDF的原版式,能够让我们更准确地看到报纸的原样。虽然老报纸难免有缺失,有些报纸在某些年仅存一份,但这并不会降低这个庞大数据库的价值。

　　按数据库收录各报纸年份顺序,报纸名与具体年份列于表1-1。

表1-1　宁波市图书馆馆藏地方报纸(1899—1999年)
数据库收录报纸名称及年份一览表

报纸名称	收录年份
《甬报》	1899
《四明日报》	1910、1911、1915、1917—1919、1921—1930
《时事公报》	1922—1924、1927—1948
《宁波民国日报》	1927、1929—1941
《时事公报》副刊《五味架》	1928、1930
《宁波时报》	1931、1950、1951
《宁波闲话》	1933
《宁波日报》	1933、1944—1949、1983—1999
《上海宁波日报》	1933、1934
《市情日刊1》	1934、1936
《宁波大报》	1934、1936、1937
《市情日刊2》	1935
《新慈溪报》	1935、1937

（续表）

报纸名称	收录年份
《宁波商报》	1935、1938、1939
《商情日报》	1936、1937
《镇海报》	1936
《慈溪日报》	1938
《上海宁波公报》	1941—1945
《镇海日报》	1941
《浙东日报》	1942、1943、1946
《慈溪报》	1946—1949
《宁波晨报》	1947、1949
《宁波晚报》	1947
《民声报》	1947
《大报》	1947
《宁波人报》	1949、1950
《甬江日报》	1949、1950
《宁波大众》	1951、1954—1972
《宁波报》	1956—1961、1980—1982

第二节　宁波百年报纸（1899—1999年）广告发展脉络梳理

20世纪报纸与报纸广告经历了发展至黄金时期再到巅峰的历程，在这百年中，广告最为重要的发布媒介之一就是报纸，广告不仅是经济的风向标，更是社会文化与时代的见证者。对于20世纪宁波报纸广告整体的研究并不多见，数据库的建设不仅是研究的契机，更是研究的基础资料。

研究兼顾到每一年度和每份报纸，选取每份报纸每一年度的首份和末份，如遇残缺，则选择距离选取日期最为接近的完整份。如果报纸连续收录，第一年度选取1月1与12月31日两份，第二年度选取2月1与11月1两份，依此类推，选取至6、7月，再自1、12月始。这样的方式，兼顾到1日节

日较多,同时也保证季节更全面,能够相对完整地反映宁波百年报纸广告的全貌。从这些报纸中,我们大致可以勾勒出从1899年至1999年宁波百年报纸广告发展的脉络。

一、1899年:高调起步的"告白"阶段

这一阶段的代表性报纸是《甬报》,它是宁波的德国洋行为了适应经济发展、传播商业信息而创办的,全称为《德商甬报》,创立于1898年11月28日。数据库中收录的是不完整的1899年《德商甬报》。

发行人在创刊号《甬报缘起》把该报的内容概括为"上谕第一,论说第二,奏折第三,辕门抄第四,新闻第五,各署牌示第六,文稿第七,市价第八。"①由于当时处于清光绪年间,所以上谕、奏折写在报纸内容之列,而从实际内容看,广告和市价占据了很大部分版面。其中1月6日的报纸中,第三版全部为广告,第二、第四版中也有部分广告,第二版除广告外,只有市价行情。12月27日最后一份中广告和市价所占比重稍有增加。总体而言,四版内容中,广告和市价所占版面超过两版半,所以,《德商甬报》是地道的商业报纸。

在《德商甬报》中,广告称之为"告白",虽然作为第一份报纸,但却是高度商业化的,所以称之为高调起步。1899年数据库中收录的《德商甬报》广告均无配图,此时广告与其他内容排版并无太明显的差异,标题字号大、字体不同、反白是主要的表现方式。企业名称、商品(服务)特点、地址电话是这一阶段广告的三要素,另外广告中明确写出商品价格的也不在少数。广告的商品和服务类别涉及日用品、纺织印染、文化艺术、医药保健、餐饮、保险等,行业比较多,广告总体采用理性诉求的方式,多种行业的广告也显现出当时宁波商业的繁荣。

二、1910—1919年:稳步发展阶段

这一阶段代表性的报纸是创刊于1910年的《四明日报》。此时广白、告白、广告并用,以"广告"一词的使用频率为最高。截至1919年的缘由是《时事公报》于1920年创刊。

---

① 刘光磊、周行芬,《甬报》与《德商甬报》,新闻大学,2001,夏.

《四明日报》自1910年的广告就比较注重排版,特别是通过字体字号变化凸显重点内容,标题使用花边或背景色,而广告中使用配图,包括商品图、商标图、装饰图等。就文案内容而言,无特别的创新和明显的发展,仍以理性诉求为主。这一阶段,部分广告以"国货"作为卖点。此阶段广告中减价、赠品等促销方式都有运用。就商品所属行业而言,珠宝首饰、化妆品等出现,经济的发展和生活的变化在广告中一一被记录着。

三、1920—1930年:迅速发展阶段

这一阶段数据库中收录的报纸包括《四明日报》《时事公报》《宁波民国日报》和《时事公报》副刊《五味架》。其中,创刊于1920年6月1日的《时事公报》是宁波现代最具代表性的报纸,登载于上的广告也代表着宁波现代广告的最高水准。截至1930年的缘由在于《四明日报》在这一年终刊。

1921年《四明日报》广告图文并茂的表现比较多,以图为主辅以少量文字的广告也有出现。有些广告大面积留白,注重突出商品优点、品牌名称。广告中有使用问句标题吸引注意力的,也有使用前和使用后效果对比这样说服力比较强的表现方式。另外还出现了恭贺类型的广告,主要以恭贺新年加企业名称为主要表现,新年增刊中有大量此类型广告。

这时广告数量非常多,品牌与商标受到重视,广告中的女性形象运用越来越多。促销方式上,赠品印花出现,打爱国牌的促销也增多,尤其是在1928年的广告中体现得最为明显。保健品、服装、化妆品广告数量增加。

这一阶段的广告注重创意,出现了哲理表现的方式,如中法储蓄银行的广告,一条路是飞去了的挥霍,另一条路是日积月累的积蓄,"你愿走那条路么"的疑问再次引发人们的思考,颇具深意。

图1-1　中法储蓄银行广告①

---

① 中法储蓄银行广告,时事公报,1923-06-09,版面不详.

四、1931—1939 年:多样化发展阶段

这一阶段数据库中收录的报纸种类是最多的,包括《四明日报》《时事公报》《宁波民国日报》、《时事公报》副刊《五味架》、《宁波时报》《宁波闲话》《宁波日报》《上海宁波日报》《市情日刊1》《宁波大报》《市情日刊2》《新慈溪报》《宁波商报》《商情日报》《镇海报》《慈溪日报》等。

此时的广告表现越来越多样化,有些以留白区别开报纸其他内容,同行业广告集中编排的方式比较多见,另外还有多家企业联合发布恭贺广告的形式。创意手法的运用也是多种多样,如故事化诉求、比喻、对比(使用前和使用后的对比、使用和未使用的对比、自身国货商品与他国同类商品比较等)、问答式等都有运用。

随着经济的发展和市场竞争的激烈,促销广告增多的同时,也出现了明确反对促销的广告,以此方式来证明自身的实惠。另外这一阶段季节性商品增多,如夏季的果子露、绸布、电风扇、花露水等。

五、1940—1949 年:徘徊阶段

这一阶段数据库的报纸包括《时事公报》《宁波日报》《上海宁波公报》《镇海日报》《浙东日报》《慈溪报》《宁波晨报》《宁波晚报》《民声报》《大报》《宁波人报》《甬江日报》。此时多数报纸都明确区分广告与其他内容,广告排版做到有留白、有边框,比较醒目,总体采用艺术化表现的广告相对比较有限。

就行业而言,金融行业占据一定比例,这在《上海宁波公报》的广告中体现最为明显。不仅其他行业中有电话送货,饭店也推出了外送服务。此时广告中出现打故乡牌、同乡情的表现。另外,在《甬江日报》等报纸中能够看到有一定比例的道歉、悔过类型的商业广告。1947 年 1 月 5 日《宁波日报》德华参燕号广告内容为"本号每日三时至七时假座宁声宁钟二电台播送节目希各界收听",比较类似现在的冠名赞助的形式。

这一阶段末期,商业广告数量减少,启事和公告也有减少。

六、1950—1959 年:延续、凋敝到空白阶段

这一阶段数据库中的报纸包括《宁波时报》《宁波人报》《甬江日报》《宁波大众》《宁波报》。前几年贺岁广告、利用大事件做广告都比较多,到 1955

年及之后时段，广告主要为剧场演艺类，其他广告数量趋于减少，60 年代体现得尤为明显。

1956 年 1 月 1 日创刊的《宁波报》创刊词中报纸的政治性予以特别强调，并无商业性的相关内容。这一阶段广告都有明显的服务于社会主义建设的意识，广告突出企业名称、产品类别，无太多创新，比较中规中矩。1958 年生产资料广告较多。1959 年虽然出现配图比较生动的"诗画广告"，但集中编排、每则雷同，并无宣传的意识，更像是建设成果的展示。另外这一阶段广告出现了很多商品图围绕在厂名周围的排版方式，繁多的配图，多快好省建设社会主义，繁荣昌盛的感觉跃然广告上。《宁波大众》作为宁波地区革命委员会机关报，政治意义远大于商业价值，很多年份除了革命教育、剧场信息外，只有零星启示类型的信息，几无真正意义上的商业广告，直至1972 年 10 月停刊。

1973 年至 1979 年，数据库中没有收录任何报纸，我们称之为"无资料空白阶段"。

七、1980—1999 年：恢复发展到多姿多彩阶段

这一阶段数据库中收录的报纸是《宁波报》和《宁波日报》。

1980 年，《宁波报》试版，广告比较少，可见中药店、银行广告，主要为启事、剧场演艺类信息。到 1982 年仍以剧场演艺为主。另外报纸中很多商业信息中提及品牌，还有工艺美术、五金交电、化工、丝绸、家具、服装的广告，但数量不多。广告中有对服务人民和四化建设的强调。1981 年《宁波报》登载文章《〈人民日报〉发表评论员文章广告的生命在于真实》，这不仅是强调广告的生命在于真实，也是对于广告存在合理性的支持。

《宁波日报》1983 年的广告有着较为鲜明的计划经济时代的特征，此时报纸上有较多广告、新闻、市场信息不分的内容。1984 年广告中出现商品获奖的信息；1985 至 1989 年，展销会、供货会、订货会信息比较多。整体而言，此时广告数量还是比较有限的。

进入 90 年代，广告发展速度加快。初期时段，展销信息、有奖销售、恭贺广告比较常见，有了明显的"顾客至上"理念，另外广告中各种获奖信息出现频率也很高。后期时段广告发展更加多姿多彩。1993 年有类似冠名方式的

"特约刊出""梅龙镇杯"等，这一年还出现了飞艇广告，属于比较新鲜的方式。1994年广告中，有卡通形象、吉祥物和集卡促销，也出现了英文词汇、外国专家形象等。广告的标题越来越注重措辞，对偶、双关等经常被使用。1998年报纸中有现代生活服务专栏广告，属于软文的性质。

经济的发展、生活的变迁在广告中都能够找到一路变化的轨迹：1994年博士伦广告；1995年BP机广告；1996年房地产广告、欧米茄广告、休闲娱乐类广告、电脑寻呼类广告；1997年"自强创辉煌"公益广告、企业出资的公益广告；1998年分期付款的广告、房地产按揭的广告；1999年，来电显示电话广告、搬家公司广告、手机周边的广告（如电板、耳机、充电器）等。

随着报纸的增多和其他媒介的发展，报业广告的竞争也愈发激烈。《宁波日报》这一时期推出了分类信息广告部，在下班时间也提供服务。另外，报社还通过发布公益广告的方式，树立自身形象，同时推动宁波广告业的发展。

以上每个发展阶段都有各自的特点，后续章节会进行一一分析。

第二章 《德商甬报》(1899年):
"告白"高调起步

　　"《甬报》同名者前后计有三种。第一种是 1881 年创刊的,第二种是 1898 年 10 月由德国德丰洋行创办的,第三种是 1908 年国人张让三创办的。"①宁波特色数据库中所收录的《甬报》是第二种,史称《德商甬报》。

　　早在 1854 年,宁波就出现了近代第一份中文报刊《中外新报》,由外籍传教士创办,比上海的《六合丛谈》早三年,1861 年停刊。1870 年英国传教士创办了《宁波日报》,持续时间不长即停刊。

　　到了 19 世纪末期,宁波的商业已经很发达,对外贸易也日益繁盛,这为现代报刊,尤其是商业化程度较高的报刊的创办提供了土壤。

　　1881 年创刊的《甬报》重视新闻和广告,虽然联合创办者是英国牧师,但就内容而言并非宗教,而是更接近现代商业报刊。正如《甬报》第一卷首页"本馆谨启"所述"今中国以声明文物之邦,举十八省之地,不过报馆数家,固由人未尽知其利益,风气难开。亦由开报者不能日新月盛,使人尽知其利益,风气渐开。本馆有感于此,因在宁波特设一馆。报中首选京报者,懔尊王之大义;作论文者,寓讽世之微言;登近事、告白者,符新闻之体例;翻译外国书籍者,备局外刍荛。月出一报,小试其端也。"②到第十期"选录京报"撤销。《甬报》重视发布实业信息,对于现代商业意识的传播和商业氛围的营造起到了重要作用。但受限于当时报刊的整体发展状况,"基本上没有广

---

　　① 王欣荣,《甬报》初步研究,杭州大学学报,1984(09).
　　② 本馆谨启,甬报,1881(02).

告①"。

1898 年由德国洋行创办的《德商甬报》显现出了高度的商业化意识,广告数量也非常多,这并非意外,也不是突变,而是商业、报刊和历史发展的必然。由于是洋行创办,与之前的报刊差异较大,称其为"高调起步"。

第一节 高度商业化的《德商甬报》

1881 年创刊的《甬报》在 1882 年停刊,16 年后的 1898 年,《德商甬报》才创刊。这一阶段出现了中国新闻历史上第一次办报高潮。1898 年 11 月 28 日(清光绪二十四年十月五日),《德商甬报》创刊。由于此前的《甬报》出版周期是以月计,也有学者视其为期刊,《德商甬报》则是典型的报纸。《德商甬报》采用油光纸铅印,每张四版,内容包括本馆告白、文牍、电讯、历史、新闻等,部分实物收藏于浙江博物馆和宁波图书馆,宁波特色数据库中收录的是 1899 年的《德商甬报》。

白鼐斯在创刊号中所刊登的《甬报缘起》一文中,分析了商业发达的宁波缺乏报刊、信息闭塞的状况,"独惜夫甬江据宁郡之冲,百货之所交,商务繁盛为一都会,而报馆阙如",他认为这阻碍了商品经济及社会的发展。而对于《德商甬报》的创办宗旨,"宁波客商来自他省者,若闽广、若安徽;来自内地者,若绍台、若金衢严,往往因作客他乡,消息不灵,致遭蒙蔽。若有甬报,则货物之多寡,市价之低昂,一寓目而即之,匪独无居奇之患,抑且无抑勒之虞。此甬报之于客居宁波者也。宁波生齿日繁,内地无可谋生,有附轮舶而远赴外洋者……若有甬报,则争先快睹,如瞻桑梓,有不为之心慰者乎!此甬报之便于侨居异地者也。"②由此不难看出,通达商情、传播商业信息、服务商人的主旨非常清晰。

《德商甬报》的高度商业化从其所登载内容中也能够明显地看出。从数

---

① 周军,从启蒙到倡导——《甬报》和《德商甬报》商业新闻传播评析,国际新闻界,2010(03).

② 原载德商甬报,转引自周军,从启蒙到倡导——《甬报》和《德商甬报》商业新闻传播评析,国际新闻界,2010(03).

据库中收录的《德商甬报》中,我们抽取了1899年的第一份即1月6日的报纸和同年的最后一份即 12 月 27 日的报纸作为研究对象。《德商甬报》1899年 1 月 6 日的报纸广告与市价行情加起来所占版面超过一半,而年度最后一份即 12 月 27 日的报纸仅广告所占版面就接近一半。《德商甬报》还刊登与商业密切相关的气象信息和船舶信息。尽管白鼐斯在创刊号《甬报缘起》中说明报纸的内容"上谕第一,论说第二,奏折第三,辕门抄第四,新闻第五,各署牌示第六,文稿第七,市价第八",但具体分析报纸的内容不难看出,这只是做给清朝统治者看的,新闻、文稿、市价等才是重点内容。市价行业中包括南北货行情、米市行情、油市行情、上海洋行行情、宁波洋行行情、火油行情、靛青行情、谷麦行情、花庄行情等,从中也不难看出当时宁波商业的繁荣以及《德商甬报》能够提供较为全面的商业资讯。

《德商甬报》前后持续一年多的时间,先后刊登了支持商人和商业的文章,鲜明地表达出重商的思想和自身的立场。1899 年 3 月 15 日《德商甬报》刊登了题为《论商为四民之一 当与士农工并举》的文章,文章以实例论述了不应贬低商人的作用,如"调兵征饷度支告匮,不能不借力于商捐,于是有丝茶捐、洋药捐、□(凡报纸中无法识别文字皆以□代替,全书同)布捐、洋货捐、酒捐、药材捐以及各省征捐,莫不取之于商,而商人莫不急公好义,踊跃乐输。"①文章结尾再次强调了通商惠工的重要,"盖观于商务局之设而知通商惠工为今日之急务,不得视为无足重轻之举,行之数年我中国富强之效有不难操券而得者矣。"②1899 年 4 月 10 日《德商甬报》刊登了题为《论商》的文章,文章在结尾举了擅长生意的犹太人的例子进行对比:"犹太……其人民散处各国,犹能握天下利权。中国目前未及分裂,已国弱民贫若此,何犹太之不如哉。"③得出"故曰西人以商务弱我国更甚于以兵力"④的结论。以上两篇文章均登载在当期报纸报头下方版面中间非常醒目的位置,刊载位置也是报纸态度的体现。

除了内容的高度商业化外,《德商甬报》的经营方式也很先进,在报纸刚

① 论商为四民之一当与士农工并举,德商甬报,1899 - 03 - 15,第一版.
② 论商为四民之一当与士农工并举,德商甬报,1899 - 03 - 15,第一版.
③ 论商,德商甬报,1899 - 04 - 10,第一版.
④ 论商,德商甬报,1899 - 04 - 10,第一版.

创刊的时候采用"敬送"的方式，也就是免费赠阅，连续10期刊登免费赠阅广告。之后，在报头右侧醒目位置刊登出"各埠售报处"，包括京都、天津、保定、厦门、汕头、广东、九江、上海、苏州、杭州、余姚、台州、海门、石浦、慈溪、镇海、象山、定海等省内外多处，有效地为读者订阅提供便利。

　　无论是创刊宗旨、报刊内容、广告还是经营理念，《德商甬报》都显现出高度的商业化特征。"19世纪末创刊的《德商甬报》，以较多的篇幅刊载宁波各业市场行情和宁波港口货物的进出口情况而被称为宁波商界报纸的'鼻祖'。"①宁波发达的商业为《德商甬报》的产生提供了可能，而高度商业化的《德商甬报》也为服务商业和商人、提升社会商业意识做出了重要的贡献，其经营理念和广告策略对之后的报刊具有极强的示范价值。

第二节　从《西报最重告白说》看《德商甬报》的广告观

　　1899年4月8日《德商甬报》第一版刊登了转载自《国闻报》的题为《西报最重告白说》的文章，可以视为代表《德商甬报》广告观最为典型的文章，也是较早论述广告的极为珍贵的史料，对当时社会，尤其是企业充分认识广告的价值起到了重要的作用。

　　全文如下（标点由著者加）：

西报最重告白说②

　　日报之有告白自泰西始也。西人最重商务告白之盛衰，即以瞻商务之衰与旺焉，故西报于告白一事有专司撰述之人。《泰晤士报》之精于选告白者，每年得俸金四万镑，主笔则不过二万数千镑，可以见其重视告白也。盖西人于商务之事莫不有告白，譬如一公司每年可得数十万镑，而登告白费则必去其半。今即以上海之西字报而论，其报纸之大倍于华字报，而告白之多且数倍于华字报。而其所以重视告白者，则以西人专精制造，当其制成经累

---

①　如竹、徐跃年，历史上丰富多彩的宁波商报，新闻战线，1989(11).
②　西报最重告白说，德商甬报，1899-04-08，第一版.

世之久,历数十年之苦思而后得专利,若干年出而售之于市,而新出之物又不能周知,其美也惟登诸告白,庶几不胫而走,崇朝而遍地球焉。故西人重商务则不能不重告白也。然虽重告白而撰述者不能尽其制造之精、品物之妙、为用之广与其店伙之诚信价值之间。一则虽登告白而仍不得告白之益焉。尝闻西人议论谓撰述告白当言简而意赅,令人阅之即恍然,于某公司之可信而有不能他购之势,此所以精于撰述者之可贵也。我中国四十年来自朝报、京报而外,固别无所谓报者也,亦更无所谓告白者也。自沪上创有日报而风气始开,然当其时,登告白者犹寥寥无几,今已三十年,而商务之盛已十倍于前,其重视告白也亦落后于西人矣。然我中国报馆于告白之来也不过就其原稿而照登焉,其撰述之善与否,报馆不问也,主笔不知也。人之阅之也亦不复措意于其间,必欲购其物果否为某家所有,始取报之告白而一阅焉。其登告白者尚不能如西人之郑重,而报馆之视告白亦不能如西报之经心作意,以为商务之先声,甚可惜也。窃谓吾中国报馆亦宜于此讲求择精于商务,而笔墨佳者如西报之例别设专司。告白之众,有未能合格者,当为改撰或即由欲登告白之人将大意誊一纸投经理告白处,径由报馆代为撰著。大抵告白无取冗长,数千字之多当简之为数百字,而此数百字中又当简净而详明,若为求简字而不能明其意,非善撰告白者也。欲求详尽而字数太多,非惟浪掷人之告白费,而报纸无多,篇幅有限,亦不能以一事而遽去其半,故西人之善撰告白者,冗长有减之使短,其字数太简又恐阅者之略之也,又必设法俾展卷之,即是登诸论前者,固为千人共见之地,即在论后者,亦当长短相间,先后有次,此西人于告白事其讲求洵非易易也。夫以今日中国之穷困,朝廷汲汲焉以开民智与商务为自强之计,而报馆之设亦所以开民智,告白之登亦所以与商务者也,而不能效法泰西,非所以维新之道也。抑又闻之泰西设一公司,则凡有之报馆皆有告白登列各报。今中人之商务皆不能如西人之通力合作,资本充盈,故明知告白之不可不登,而往往爱惜小费,不能如西商之但求推广商务而来。不肯拘于目前报馆告白之不旺,即可见商务之日衰,物力之维艰也。故报馆之多寡,西人之所以瞻国势之强弱者也,而告白之多寡又所以瞻商务之盛衰者也。中国欲商务之兴旺,即其先重视告白始乎?

　　文章首先分析了日报广告始自西方,西方以广告的盛衰来衡量商业的旺衰,西报有专人负责撰写广告。以《泰晤士报》为例,广告负责人收入高于主笔,这无疑是重视广告非常有力的证明。与商业相关的事都会借助于广告,公司每年的收益一半用于刊登广告。上海的西文报广告数量数倍于华文报。通过对比,极有说服力地说明了华文报不重视广告。

　　之后文章分析了西方重视广告的缘由:新商品的制造费时费力,但新生事物人们又不能立刻知晓其好处,所以通过广告宣传,让商品信息不胫而走,广为人知。西方人重视商业就必须重视广告。

　　然后仍以中国作比较,说明了中西对于广告重视的差异。即使重视广告,但撰写广告的人不能够完全了解商品的优势,所以虽然刊登广告,但仍不能从广告中获益。西方人认为撰写广告应该言简意赅,让人看过即知其意,信赖某公司及商品,而不再打算购买其他公司商品,这就是擅长撰写广告达到的价值。中国四十年来,除了朝报、京报以外,没有其他报刊,更不用说广告了。上海开始创办日报的时候,刊登广告的寥寥无几,到现在已经三十年了,商业发达已十倍于从前,对于广告的重视程度依然落后于西方。我国的报馆对于广告一律是来稿照登,不过问撰述是否好,对此主笔也不了解。我国刊登广告不像西方那么郑重,报馆对待广告也不像西方那样认真经营,视作商业先声,这是非常可惜的。

　　在对比了差距后,文章指出了中国报馆应该做的:中国报馆应重视商务,由笔墨佳者专设部门负责广告,如广告撰写不合格,应加以修改,或者由广告主把大意写出来交给广告部门,由报馆代写。广告不应冗长,数千字的应精简到数百字,数百字也要做到简明而详尽。报纸篇幅有限,所以西方擅长广告的人会把冗长的广告缩短,字数太简略的广告有唯恐阅读的人不明其意,会设法延展。

　　文章的最后更是从强国、开启民智与繁荣商业的高度阐述了广告的价值。穷困的中国,朝廷以开启民智和商务作为自强之路,报馆的开设也是为了启发民智,刊登广告则是服务于商业。如果不能效法西方,则不是维新之道。西方开设公司,凡有报馆,都会刊登广告到各报。国人的商业不像西方一样通力合作,即使资本充盈,明知不能不登广告,却因为可惜广告费用而不做推广。不能因为日前报馆广告不兴旺,就认为商业衰落。文章结尾更是铿锵有力地指出,所以西方以报馆的多少评判国力的盛衰,又以广告的多少衡量商务是否繁荣。中国想要发展繁荣商业,是否应该从重视广告开始?

由比较开始到上升到强国高度,对于报馆和广告价值的认知并非刻意拔高,历史发展到现如今,已经充分证明了这一点。文章转载自他报,报馆的立场、态度和观点显而易见,这也是为什么此前几无广告,而《德商甬报》广告能够接近版面的一半的缘由,此文等于给出了答案。

第三节 《德商甬报》的广告

一、《德商甬报》广告概析

1899年1月6日《德商甬报》第一版报头左侧"告白刊例"内容如下:

一来本馆登告白者,第一日每字取制钱四文,第二日至第五日每字取制钱三文,第六日至第十日每字取制钱二文半,论月每月每字二文,论年每字一文五,十字起码,加减以十字计算。欲登在报章之首者,照字数加倍或三百字计算,欲将字样放大及刊刻各种花样报牌者,本馆均可代办,其刻资另议。此等告白必须按所登而积计算,不计字数多少,计见方英寸,一寸论月每寸取制钱一千四百文,论年每寸取制钱八千四百文。[①]

从中不难看出《德商甬报》的广告策略:长期刊登有优惠,可代办字样放大及刊刻花样,这样的服务都是便利广告主的策略,在之后的报刊中基本延续这样的策略。

1899年1月6日《德商甬报》第一版除报头左边的"告白刊例"和右边的"各地售报处"外无广告;第二版广告占版面超过三分之一,气象信息、市价行情、船舶信息占接近三分之二;第三版全部为广告;第四版约五分之一版面为广告,广告总体超过一版半。1899年12月27日《德商甬报》的前三版与1月6日相似,第四版近二分之一是广告,合计广告所占版面接近当日报

---

① 告白刊例.德商甬报,1899-01-06,第一版.

纸的一半。

广告撑起的不仅是报纸版面的半壁江山,更昭示了商业的繁荣。在选取的1899年的两份报纸的广告中,所涉及的行业类别包括:医药、文化艺术、日用杂货、纺织印染、餐饮、保险等,其中也不乏多则同行业企业发布的广告。

此时的广告企业(或商品或服务)名称、地址基本是必备的信息,也有不少广告明示了价格,这种方式能够非常有效地把信息接触转化成为购买行动。19世纪末的报纸广告呈现出鲜明的理性特征,信息直白,艺术化手法的使用不多。

广告的编排上,均无配图,大部分广告对标题进行了一定的艺术化处理,主要是字体、字号的变化及反白的使用等,使其在版面中更加醒目。但由于基本所有广告都用这种形式,排布在同一版面中,也显得比较雷同。

图2-1 1899年1月6日《德商甬报》第三版①

具有鲜明逐利特征的广告,也显现出了一些失范的情形,如到今天仍被视为违法违规现象重灾区的药品广告,在《德商甬报》的广告中,也有如"灵验如神""立效痊愈"等对疗效的夸张描述。从商品类别看,仅在一天的报纸广告中就出现了三则烟膏广告,分别是宁波白玉楼真陈宿窖大小烟膏、宁波

————————

① 第三版,德商甬报,1899-01-06,第三版.

王礼记真陈宿窖大小烟膏、宁波叶指南去川土药烟膏铺,虽然同一天的报纸中还出现了"四川体仁堂天下第一戒烟灵丸"的广告,但鸦片在此时对社会的毒害由广告中就能够明显解读出来。另外在这两份报纸中还出现了命理、神灵等的宣传,在广告行业尚未形成有效监管的年代,这样的乱象是行业自律与他律要解决的重要课题,而广告记录社会与历史的特征也由此充分显现。

二、《德商甬报》的广告策略与创意

(一)消费者感谢信——凸显优势,塑造信赖

"喉科第一圣手"的广告内容如下:"余月初患喉间肿痛,饮食滴水难下,诸医调药无效,承友指江北岸美益洋行对面包康泰先生诊视,嘱余勿忧,即投开啖圣药,立见神效,饮食如常。余患此喉症蒙数日痊愈,感佩良深,特登甬报鸣谢。甬江唐维贤谨启。"

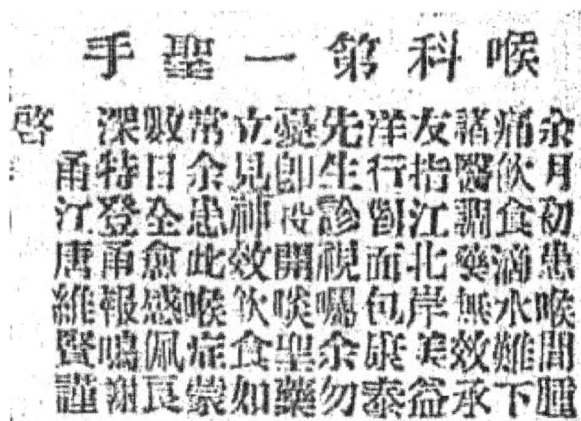

图 2-2 "喉科第一圣手"广告①

广告以患者感谢信形式撰写,标题极尽夸赞之能事,正文中还说明"承友指",有口口相传好口碑之意,文末署名更是能够带给人们真实可信的感觉。类似采用感谢信方式的并不是仅此一例,同一版面的"鸣谢良医"也是采用这一方式。借他人之口的方式一定程度上能够避免"自卖自夸"的

———————————

① 喉科第一圣手.德商甬报.1899-01-06.第二版.

嫌疑。

(二)"斥责"仿冒——竞争催生的手法

鸿泰席庄广告标题以数倍于正文的字号和差异化的字体凸显企业名称,在版面中格外醒目。广告首先说明位置与建筑特征,便于识别,之后强调只此一家别无分店,有假冒者混淆真假,为此添加"启兴监造"和"和合(图)"为记。是否确有仿冒今天已无法考证,但更大的可能是,这不过是一种招揽顾客的方式,通过同行的仿冒来佐证自身的优质及在行业中的地位。

图 2-3 鸿泰席庄广告[1]

同一天的报纸中,还有宁波坤源土栈、四川体仁堂天下第一戒烟灵丸、宁波王礼记真陈宿窨大小烟膏、宁波白玉楼真陈宿窨大小烟膏等广告也同样"斥责"仿冒,可见这是当时广告比较常用的表现手法,也在一定程度上反映了行业竞争的激烈程度。

(三)减价与折扣——由来已久的促销方式

在当时的广告中,价格是很多广告必备的内容之一,明示价格不仅便于

---

[1] 鸿泰席庄.德商甬报,1899-01-06,第二版.

消费者选购,也能够彰显出企业的诚意。直接降低销售价格简便易行,对于消费者吸引力很强,减价与折扣只是表述有异,本质相同。这种直接降低价格的方式由来已久,促销归根结底要义也在于此,至今仍然是最有效的促销手法之一。

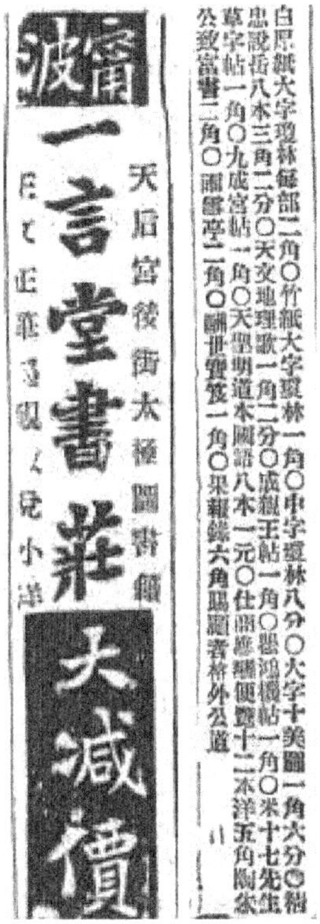

图 2-4 一言堂书庄广告① 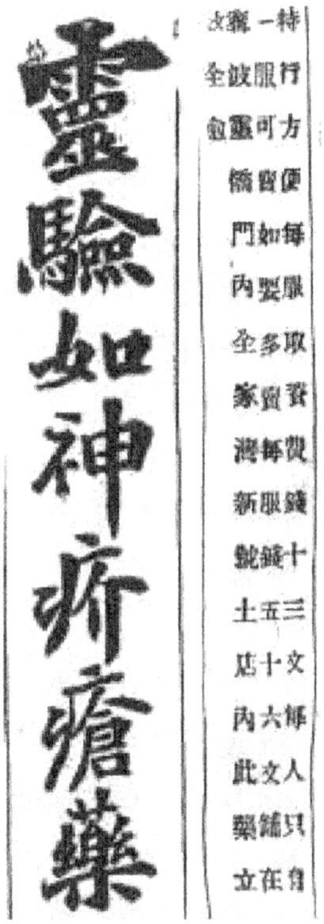   图 2-5 疥疮药广告②

宁波一言堂书庄大减价广告采用竖排版方式,上面是广告标题加地址,下面是具体减价商品及其价格。为便于排版,我们把广告一分为二,并列放置(类似作品同样方式,不再标注)。在这一广告中,不仅明示价格,更以反白和大字号的"大减价"三个字突出优惠,吸引消费者。

1899 年 12 月 27 日"夏氏西医内外各科医局"广告中"礼拜二、礼拜五上

---

① 一言堂书庄广告,德商甬报,1899-12-27,第三版.
② 疥疮药广告,德商甬报,1899-12-27,第三版.

午至十二点钟施医,减取号金二十四文,他日收号金五十文";同日"泰和保险公司"广告中有"九五折"的字样。在广告中常见如格外克己、格外从廉、价贱物美等表述,几乎所有行业都以价格作为重要的卖点,以优惠价格吸引消费者的广告也不在少数。

(四)限价限量购买——营造珍稀与有效,促进试用

在疥疮药的广告中,"每服取资费钱十三文,每人只有一服可卖,如要多买,每服钱五十六文",十三文的价格每人只能购买一服,如果要多买,则要付出四倍多的价格。这样的策略首先能够营造一种稀缺的感觉,同时也是印证自己的药品效果如广告标题所言"灵验如神",第一服与再购买更多数量价格的对比,更能够有效激发患者的试用行为,可谓高明。

第三章 《四明日报》（1910—1919 年）：广告稳步发展阶段

　　《四明日报》创刊于 1910 年，是宁波人自己创办的近代报刊，主要内容是社论、专电、各省及本省和本地新闻、广告，无论是广告还是其他内容的编排，都和现代报纸相类似。"1927 年北伐军入甬，该报由国共合作下的第一个国民党市党部接收，改名为《民国日报》。国民党'四·一二'政变时停刊，1928 年 11 月恢复原报名继续出版，直至 1930 年终刊。"①能够前后持续二十年时间，与绅商为股东不无关系，更与其发行和广告经营分不开。

　　这一阶段的划分并非依据 1919 年"五四运动"前为近代后为现代的方式，而是依据 1920 年《时事公报》创办作为下一阶段的起始，所以止于 1919 年。

第一节 服务于绅商的《四明日报》

　　在数据库中，《四明日报》的第一份标注为 1910 年 5 月 24 日的报纸，是阴历日期，"庚戌五月廿四日（礼拜四）"，也就是 1910 年 6 月 10 日，报头上方写着"第一号"，即创刊号。下方则是"今日二张，不取分文"，左侧刊登"告白刊例"，右侧是"外埠定价"。这样不取分文的免费持续了三天，从 5 月 27 日（阳历 7 月 3 日）开始收费，这一天报头下方写着"今日二张售大洋一分六厘"的字样。

　　数据库中的报纸以 1910 年的保存最为完整，从创刊到年底每月均有多份报纸，而 1911 年、1915 年、1917 年的报纸数量都很少，每年仅存 1～2 份，

---

① 刘光磊，论《四明日报》的立场、言论和新闻，宁波大学学报（人文科学版），1999(04).

① 刘光磊，论《四明日报》的立场、言论和新闻，宁波大学学报（人文科学版），1999(04).

1918年和1919年各仅存四份,无1912年、1916年、1924年的报纸。

《四明日报》第二份,即数据库中1910年5月25日(阳历7月1日)的报纸,刊登了署名为象苍的文章《本报之担负系纯然积极的观念》,文章提及《四明日报》创办的缘由:"前此十余年间,甬之人士固尝知言论之足以促社会之进化,也因创为《甬报》,未几而倾踣不克振矣,更阅五六载而有《宁波新报》之设,又未几而澌灭……日异月新渐进开明之域,而我甬郡之言论界黯然长夜莫肯孤往,首倡以恢廓我正大光明之钜观,故就历史上观察,则本报之设夫亦大可为寒心者矣。"

文章还说明,此时的宁波交通便利,商品丰富,政治、学务、商业、工艺制造等皆可让人仿效,"本报之设所以刻不容缓者此耳。且也惨淡经营几更寒暑,而本报之组织始克蒇(著者:完成)事可谓周且审矣。"①由于报纸的创办者及股东不是绅士就是巨商,其自我宣传,增加社会影响力的目的从这篇文章中即可见。再加之当时社会办学之风兴盛,"四明六属统计学校之成立者不下四五百所,就中初等高小中学师范似各照章粗备矣。"②社会对于通联各种信息和启迪民智的报纸拥有格外迫切的需求,《四明日报》可谓应时而生。

1910年6月14日(阳历7月20日)出版的《四明日报》中有题为《报律私议》的论说,对于当时社会了解言论和出版自由不无帮助,同时也反映出办报者对于报刊功能的认知。"窃尝读各国宪法史矣,一则曰言论自由,再则曰出版自由,诚以言论出版为人民莫大之权利,苟无宪法为之保障,彼暴君污相势必百计摧残而后已。……夫言论出版自由孰有过于报纸者乎? 拿破仑曰:吾视有力反对之报较四千枝毛瑟枪为尤烈。麻尔顿曰:昔之视报可为史乘,今之视报则为裁判所。"③文章还分析指出,各国关于报章有两种制度,检阅制度和自由制度,报界萌芽时期各国都采用检阅许可方式,因为此时报纸于国家生存有很大的影响,不能听任自由。在文章中,作者引述拿破仑与弥尔顿(即作者文中所称的"麻尔顿")的言论,虽然现在有人论证拿破仑此言是误传,但这样引经据典地论证,可以让社会充分认识到报刊的价

① 象苍,本报之担负系纯然积极的观念,四明日报,1910-05-25,版面不详.
② 论说论四明商务宜振兴实业,四明日报,1910-06-27,版面不详.
③ 报律私议,四明日报,1910-06-14,版面不详.

值。报纸及后来的其他媒介在自身发展的过程中，也在不断做着"为自己正名"的工作，证实自身存在的价值，从而获得更好的发展。

服务于绅士及商人的报纸，无党派背景，自然也就不会显现出鲜明的立场，受时局变动的影响，《四明日报》整体上呈现出立场摇摆不定的特征。以广告作为主要的研究对象，其他类型的言论姑且不论，仅与广告最直接相关的经济而言，《四明日报》有很多有价值的言论，仅以1910年报纸所登载言论为例加以分析。

1910年的《四明日报》有多篇论及经济的"论说"，如《论四明商务宜振兴实业》(1910年6月27日)、《宁波经济上之观察》(1910年7月14日)、《宁波经济上之观察(续)》(1910年7月15日)、《维持市面在于畅销土货说》(1910年10月22日)、《维持市面在于畅销土货说(续)》(1910年10月23日)等，以上言论中关于宁波经济，可见以下观点：

一、肯定宁波良好的经济基础，尤为赞誉宁波人在外埠的商业作为

"宁波之生产及其自然助力固可示以夸人者，四明六属沃野潜力，宜稻宜桑宜畜牧宜森林，以岁所产富矣庶矣。……宁波……内河帆船络绎不绝，上海轮船又往来不停，杭甬铁路方在兴筑，交通之便孰有逾于此者，其地位之利又有然也。……全浙人口一千一百余万，宁波占十分之二，以土地面积计之，既足以自养又况勤敏过人，不惮劳苦……"①宁波物产丰富，农牧林皆适宜，水陆交通均便利，人口多，土地足以自养，而宁波人又勤敏且不怕吃苦，想要经济发展并非难事。从天地人三方面看，宁波都具备发展经济的良好基础。

而较之于在故乡发展商业，宁波人在外埠有更大的商业作为，"四明商业之兴盛不在本埠而在外埠"②，"宁波人在外埠者，其工商业之势足以左右全国资本之豪，劳力家之伙可为各属冠"③，宁波商人的足迹遍及各地，蜚声中外的"宁波帮"获得了形成后的又一个重要发展时期，在19世纪二三十年代发展成为中国第一大商帮。论说虽未把功绩作为重点，但作为背景与前提的论及，仍不难看出宁波具有悠久与优良的商业传统。

---

① 病骸，宁波经济上之观察，四明日报，1910-07-14，版面不详.
② 论四明商务宜振兴实业，四明日报，1910-06-27，版面不详.
③ 病骸，宁波经济上之观察，四明日报，1910-07-14，版面不详.

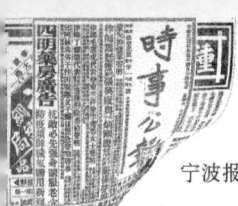

二、当前的经济竞争与宁波的危局

言论对于当前经济的竞争与宁波所面临危机的现状认识也比较深刻。"民族膨胀而帝国主义肇兴,皙种人鼓大风扬大浪如饥鹰如饿虎横行地球,汲汲然求逞其欲于世界者,非经济竞争欤? 太平洋其舞台也,商务铁路其枪炮也,资本货物其弹药也。得寸进寸得尺进尺⋯⋯夫政治之进退恒与其国之经济有密切之关系,而经济之进退又足以变动其国之政治。⋯⋯二十世纪经济之视线遂莫不以我国为集合点,⋯⋯经济竞争之可畏固如是也。"①此时的竞争已经远不止在国内,更在国外,不仅是武力相较,更是智力比拼。

而此时的宁波经济状况却不容乐观,"凡经济状况之凋敝与否观于其社会之生活而即知。⋯⋯除甬江市场外游,其市镇商况凄凉,行其遂郊农声憔悴,盗贼蠢起,乞丐充牣,非生计凋敝岂至此者"②,即使是甬江商埠,到处贩售的也都是洋货,土货需求减少,旧时代工业停滞,新工业又尚未兴起,经济大受影响。这样的经济状况究其原因是多方面的,学术技艺不发达,机械没有推广,洋货求过于供,投机盛行,金融机关缺乏等都属于物质上的原因;至于精神上的,各业人士相互嫉妒排挤,游手好闲者多,婚嫁丧葬推崇奢侈,以上种种,经济凋敝在所难免。

三、宁波实业不发达,振兴实业应从实业教育入手

论说较为深刻地分析了实业发达与国家强盛的关系,"实学盛则实业发达,实业发达则货物充牣,制造精良利源富溢,地方因之殷富,国家因之强盛者理也。"③之后又解析出实业不发达的深刻原因在于实业教育跟不上,虽然办学兴盛,但是,"而独所谓专门实业除锦堂学堂外则一无所闻,究其原因则曰,聘教师则普通易而专门难,招学生则普通多而专门少,收效果则普通速而专门迟,筹经费则普通省而专门巨,应用与谋生之路则普通广而专门隘也。"④普通教育与实业教育多方面的差异,分析得非常深刻。论说还以日本为例,提出了有较高借鉴价值的方法,"各地各设劝业所,聘教师招平民,各

① 病骸,宁波经济上之观察,四明日报,1910 - 07 - 14,版面不详.
② 病骸,宁波经济上之观察,四明日报,1910 - 07 - 14,版面不详.
③ 论四明商务宜振兴实业,四明日报,1910 - 06 - 27,版面不详.
④ 论四明商务宜振兴实业,四明日报,1910 - 06 - 27,版面不详.

因其材分类学习,所用之费即取于所制之品,无须另筹。以故工艺兴而农利厚,商业不期而自盛矣。"①由此就可以繁荣商业,民富国强。

《宁波经济上之观察(续)》这篇言论最后也是强实业的观点,文章认为,改良实业和教育应从三方面着手,一是高尚道德,改良习惯;二是灌输智慧和知识,养成经济能力;三是锻炼体格,增进劳动习惯。文章还基于宁波现状发出如下感慨:"呜呼今日谋经济之进步、实业改良其汲汲矣,改良实业与教育其汲汲矣,……宁波之人民农而外工商占大多数焉,持筹之辈、执斧之徒目不识丁者所在,而是稍稍知书算者亦不过聊以自食其力而已,对外竞争之能力则茫茫乎,未之见也。故今日之提倡实业教育者尤以提倡冒险进取为先。"②

署名巨摩的《庄言》,开篇用排比的形式说明了真正的忧患在于实业不整:"中国今日之患不在外侮而在内乱,中国今日之整顿不在军事而在地方上种种之政治,中国今日之贫乏不在于赔款而在于实业不整,商民无团体力、无信实力、无爱国力。③"针对去南京劝业会参观实业,但仅看表面热闹提出了自己的批评,指出:"参观后各抒己见,灌输新智识于社会而达其改革整顿之目的,斯不负此一行。④"

署名景学钤的《南洋第一次劝业会书》对于耗费巨资的劝业会,充分认识到其与博览会的差异,"盖博览与劝业性质同而目的异。博览之设在工艺已发达之后,互出其技交换智识,劝业之设在工艺未发达之先,引起国民注意实业。⑤""劝业会关系于国民之生计较博览会尤要矣。"⑥不但对于劝业会目的认识正确,对于洋货也并非简单地抵制,而是认为"若果能仿造洋货,价廉物美,则民间未始不乐购用。⑦"同时还认识到我国有很多优质产品,不如洋货受欢迎的原因在于"发售机关之不完备",而洋货"由外国洋行售与中国

① 论四明商务宜振兴实业.四明日报,1910-06-27,版面不详.
② 病骸,宁波经济上之观察(续),四明日报,1910-07-15,版面不详.
③ 巨摩,庄言,四明日报,1910-09-04,版面不详.
④ 巨摩,庄言,四明日报,1910-09-04,版面不详.
⑤ 景学钤,南洋第一次劝业会书,四明日报,1910-09-10,版面不详.
⑥ 景学钤,南洋第一次劝业会书,四明日报,1910-09-10,版面不详.
⑦ 景学钤,南洋第一次劝业会书,四明日报,1910-09-11,版面不详.

行号，由中国行号运销内地商店，一转瞬而遍及全国矣。①"洋货能满足远隔重洋的区域所需，"恃洋行为之调查各省风气嗜好，择定式样令其仿造，故能闭门造车，千里合辙。"②这对于我国振兴实业都具有很强的借鉴意义。

以上观点仅是《四明日报》创刊第一年，报纸所刊载的部分有关经济的言论，对经济状况及宁波经济面临的问题，都分析得比较透彻，尤其是振兴实业和实业教育的相关论述，很多观点在今天看来也是极有价值的，其服务于绅商的目的也在这些言论中再次彰显。

第二节　《四明日报》（1910—1919年）广告概况

一、《四明日报》（1910—1919年）及其广告基本情况

《四明日报》从创刊到1919年，我们抽取的样本中，广告所占版面基本都是当期报纸版面的一半。"《四明日报》是宁波人创办的早期自办报刊中经营的最为成功的一份近代报刊。究其所以成功，是因为《四明日报》不但靠发行报纸的收入来维持报社的运作，而且还以广告的收入来经营报社。"③

在第二期报纸告白刊例中有如下内容："第一日每字大洋五厘，第二日起至第七日止每字大洋三厘，第八日起每字大洋二厘半，封面新闻、骑缝加倍，论前再加倍。两行起码，半年、全年另议。事关重要，须有妥保，本馆不担责任。"④就广告刊登位置而言，较之《德商甬报》的"报章之首"，更具体和细化出三个需要加价的位置，分别是封面新闻、骑缝、论前，其中以论前价格最贵，这也符合《四明日报》把社论作为主要内容的特征。

此时，告白、广白、广告并用，其中广告使用频率最高。1910年5月26日《中国商业研究会》刊登的《本报招登广告大利益大特色》中有如下表述："本报广告之特色：广告一术本商学专门，本报利用此术并聘美术专家经理，

---

① 景学钤,南洋第一次劝业会书,四明日报,1910-09-11,版面不详.
② 景学钤,南洋第一次劝业会书,四明日报,1910-09-11,版面不详.
③ 蔡罕,近代宁波早期的自办报刊与宁波的近代化,浙江传媒学院学报,2012(04).
④ 告白刊例,四明日报,1910-05-25,版面不详.

其事所载广告均极新奇动目,其须译登英文广告,本报亦可代为翻译,不取译费,特别廉价。凡登本报一二三期之广告,无论久暂,均作八折。"[①]不仅使用广告这一表述,对于广告商学、美术兼涉及的特性及以新奇吸引人的措施都有了较为具体的认知。

二、广告排版进步明显

1910年《四明日报》的广告已经非常注重排版,标题除用更大字号外,经常使用花边、留白及背景色,在版面中十分醒目。广告的正文也会使用不同字体、字号的文字,以突出重点内容。以1910年10月30日头版美而特益寿胶广告为例,产品名称也就是广告标题不仅采用了较大字号的空心字体,四周还以植物作为装饰,能够第一眼吸引视线。广告正文中重点内容都另起一行,还使用了大于正文的字号和粗于正文的字体,这些重点内容以小标题形式排版,美而特益寿胶之首先发明、美而特益寿胶是补品不是补药、美而特益寿胶不是补药却真是补药、美而特益寿胶补药却不是寻常补药、美而特益寿胶四大特色,层层递进地陈述了产品的优势,价格及销售地点同样醒目排布,文案虽长,却能够做到重点突出且易读。

图3-1 美而特益寿胶广告[②]　　　　图3-2 日快丸广告[③]

---

① 本报招登广告大利益大特色,四明日报,1910-05-26,版面不详.
② 美而特益寿胶广告,四明日报,1910-10-30,第一版.
③ 日快丸广告,四明日报,1915-11-05,第一版.

1915 年 11 月 5 日第一版日快丸的广告中,产品名称三个大字对角线斜排,另外的对角一边是产品特点,一边是价目与售卖地点,四周辅以装饰性花边,整体重点突出、对称而又灵活。价目和售卖地点中也有字体和字号的变化,"华产精制,挽回权利"八个字以圆圈包围,起到特别强调的作用。

这一阶段,仍有较大量的广告为纯文字广告,但也有很多广告使用了配图,配图种类比较丰富,包括商品图、人物图、商标图、装饰图等。也有一定比例的广告同时使用了多种配图,如 1910 年 10 月 30 日仁丹广告中同时使用了人物图、产品图、商标图,同日韦廉士大医生红色补丸广告中同时使用了人物图、产品图、装饰图,通常这样的广告都占据比较大的版面,配图的使用不仅让广告比较醒目,也让表现更加生动。

总体而言,由于采用图文并茂的广告较多,加上字体和字号的差异,这一阶段的广告在排版方面比起《德商甬报》有了明显的进步,版式灵活多样,尤其是占据八分之一版面以上的广告,在形式上有了更大的发挥空间,有效吸引了关注。

三、广告内容与表现手法尚显单一

就广告内容而言,以"摆事实、讲道理"的理性诉求为主,无太多创新。以 1918 年 5 月 18 日《四明日报》广告为例,除公告式广告采用单纯信息传达方式外,商品和服务类广告也是以讲述产品特点及功效为主。第一版宁波商校实习店广告罗列了新到产品;宁波西医传华医院广告说明的是诊疗时间和地点;何振丰绸缎呢绒洋货号三十年纪念大廉价广告提供的是自身产品优势及优惠促销方面的信息;宁波宁安旅馆广告介绍的是自身优势;糖拾義咳丸广告阐述的是产品的创立及功用;上海四马路五洲大药房广告以患者实例说明药的良好功效;惟明眼镜公司则讲述了自身诸多优势。第一、第二版中缝广告是双妹牌护肤品和花露水,除产品图外,主要信息是产品功效。第三、第四版中缝广告,大纶织袜厂提供的是产品和商标信息,五洲大药房人造自来血广告是针对症状。第四版上海四马路五洲大药房有限公司广告主要强调的是销售的商品类型;最新式火油引擎广告突出了产品的特点;韦廉士大医生红色补丸强调自身名医好药及针对症状。

此时的广告注重产品或服务特点的介绍,同时会提供价目、地址、电话等信息，几无太多艺术手法的运用，这也符合广告发展初期的特征。

第三节　《四明日报》(1910—1919 年)广告创意

虽然此时广告创新尚显不足，但仍有一些广告在策略和手法上显现出与众不同的思路和探索，带领着宁波的广告稳步向前发展。

一、以爱国之名销售

这一阶段《四明日报》的广告中有了爱国、国货、中华等字样，以爱国的名义促进销售，不乏危机意识与强国期望，但主要还是以促进销售为目标。1915 年 11 月 5 日第一版日快丸广告中有"华产精制，挽回利权"字样，文字以圆圈装饰以吸引关注；1915 年 11 月 17 日（版面不详）上海五洲大药房人造自来血广告最下端，上海五洲大药房左右两边写着"完全华商"四个字；1915 年 11 月 17 日中缝中国荣宝丹广告中强调"纯良国货，胜过外来"；1918 年 9 月 17 日第四版双鸟牌香烟广告中有"望爱国同胞请为一试"的号召；1919 年 6 月 27 日中国北洋喜亚烟草公司广告中两处使用大字号，分别强调"同胞诸君快快维持国货""事急矣请吸国货香烟"。

图 3-3　双妹老牌雪花膏广告①　　图 3-4　双妹老牌雪花膏广告②

---

① 双妹老牌雪花膏广告，四明日报，1915 - 11 - 05，一、二版中缝.
② 双妹老牌雪花膏广告，四明日报，1918 - 05 - 18，一、二版中缝.

　　1915年11月5日第一、二版中缝,双妹老牌雪花膏广告中最大字号不是产品名称和特点,而是"热心国货者鉴";1918年5月18日第一、二版中缝双妹雪花膏广告"振兴国货,挽回利权"仍是最醒目的信息,这也成为此产品一以贯之的销售策略。

二、以"种族关系"之名论述,引发深思

　　1915年11月17日上海五洲大药房人造自来血广告内容是一篇题为《种族关系》的论述文章,具体内容如下:

　　　　国立于东半球,地滨于东大陆,执亚细亚全国之牛耳者,伊何国,伊何国,非我黄帝子孙四千年相传勿替之中国乎? 虽其间称帝称王,代有更易,或治或乱,政不相同,而我汉族之血系,黄种之性根,历千古而兴兴勃勃,未有艾焉。独惜夫体育不讲,卫生乏术,负富庶之虚名,无坚毅之实力,悠悠忽忽,积弱愈甚,驯至彼非我族类者,几视之为几上肉、釜中鱼,时肆其威胁欺侮之手段,良可慨已。夫保国莫先保种,保种莫先于强种,此在深明立国原素者,无不视为唯一之要图。今日之中国,种则合五大族,人则达四百兆,不知者几以人满为患,窃谓人满不足患,乃不讲体育、不重卫生之为患。倘失此不图,弱种流传,国将不国,岂不大可忧哉,噫吁嘻,偌大中国,其果有雄飞于世界之志乎? 使果有之,若不就种族上求所补救,夫乌乎可,是种族之于国家,其关系固非间接的,而人造自来血之于种族,关系乃直接的。愿我同胞,深长思之。上海五洲大药房人造自来血发行部志。

　　文章从中国本是强国入手,从而分析了因不重视体育和卫生,人越来越弱,长此以往,"国将不国",以此严峻的现实,希望引人深思,从而认可人造自来血、种族、国家三者之间直接的关系,之后接受这一产品。以关系重大的主题、严肃的论述铺垫,最终引出产品,布局精妙,在当时较多同类产品竞争的情况下,也属创新性策略。

图 3-5 上海五洲大药房人造自来血广告①

三、广告诗——朗朗上口地罗列诸多优势

1918 年 5 月 18 日《四明日报》惟明眼镜公司广告采用了对仗工整、朗朗上口的广告诗形式,形式的新颖使得通篇讲述自身的优势但不显乏味。

眼镜一道,光学玄奥;

学非专门,莫名机巧;

伪货林立,识者稀少;

他业兼营,难得窍妙;

惟我惟明,国货堪夸;

延聘诸君,光学专家;

学问优业,经验不差;

挽回权利,质料无瑕;

金银钢脚,充足成色;

保用坚久,最新时式;

装配适宜,不牵耳鼻;

---

① 上海五洲大药房人造自来血广告,四明日报,1915-11-17,第一版.

致用卫生,遮风蔽日;

远近散斜,镜片各异;

随目验光,参究医理;

开幕以来,名播遐迩;

倘蒙惠顾,格外克己。

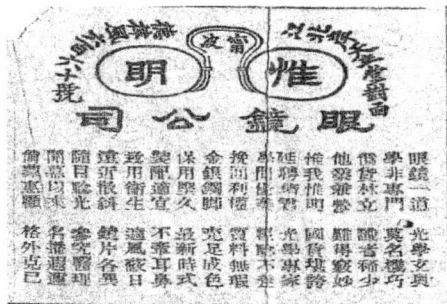

图 3-6　惟明眼镜公司广告①

四、以图为中心——新式或复杂产品重点突出的表现方式

　　1918 年 5 月 18 日《四明日报》最新式火油引擎广告把产品图放置在画面最中心的位置,左右为产品介绍性文字,上部是产品名称,这种表现方式非常适合各种新式产品或复杂产品,能够让人一目了然地认识产品。直到现在,突出产品图的方式依然被广泛应用。

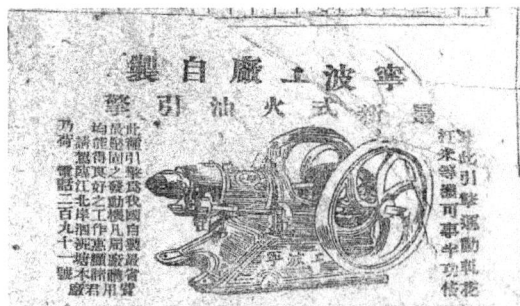

图 3-7　最新式火油引擎广告②

---

① 惟明眼镜公司广告,四明日报,1918-05-18,版面不详.

② 最新式火油引擎广告,四明日报,1918-05-18,版面不详.

五、实验法——有说服力的表现方式

1918年9月17日《四明日报》英美烟草公司广告采用了实验验证法，"以一手掩贵友之目，一手持纽约牌香烟及他种同价之香烟各一枝，使指出孰优孰劣，然后放开其目视之"。敢于使用这样的方式，首先必定是对自己的产品足够自信。在几十年后的20世纪七八十年代，百事可乐采用街头实验，让消费者蒙眼品尝百事可乐和可口可乐，更多的消费者选择了百事，百事借此大肆宣传，市场份额也迅速上升。这个"百事挑战"的经典案例至今仍为人津津乐道，虽与百事当时本就处于弱势，即使实验失败也不会承担太大的风险有关，但实验验证这一手法的确有着毋庸置疑的信服力，而这恰恰是广告通常所不具备的，可谓弥补了广告缺乏可信度这一最大的短板。

图 3-8 英美烟公司广告①　　　图 3-9 翠鸟牌香烟广告②

六、翠鸟牌香烟——烤制工艺另辟蹊径的表达

1919年6月27日《四明日报》翠鸟牌香烟广告，为了强调其"烤制"工艺以及这样的工艺所带来的芳香，以烧鸭这个人们相对熟悉的食物来做类比。"烧鸭之清香美味，尽人皆知。筵席之间，咸视烧鸭为上菜，因其味美而清香

---

① 英美烟公司广告，四明日报，1918-09-17，版面不详.
② 翠鸟牌香烟广告，四明日报，1919-06-27，第一版.

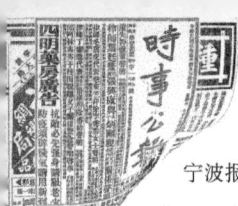

也。烧鸭之味美,因其系用烤法调制,而他种食品亦然。即如烟叶,用烤法调制,其气味格外芬芳。善吸上好香烟者,皆喜翠鸟牌香烟,因其烟叶系用烤法制成,其气味格外馥郁也。"不仅是文字,广告最上方用的还是一只烧鸭的图片,较之香烟图更大、更醒目一些,虽然图片可能会带来误解,但换一种路径解释工艺的方式还是值得肯定的。

七、奇异电灯泡广告——生动绘图初现

图 3-10　安迪生奇异电灯泡广告①

1919 年 6 月 27 日《四明日报》安迪生奇异电灯泡广告中,一人竖着大拇指,做出赞许的表情,另一只手举着比自身还大的电灯泡,较之当时基本都是实景和实物描绘方式的广告图,漫画表现显然更生动形象,也更具趣味性。

---

① 安迪生奇异电灯泡广告,四明日报,1919-06-27,版面不详.

第四章 1920—1930年：迅速发展的十年

此阶段数据库中的报纸包括《四明日报》《宁波民国日报》《时事公报》及副刊《五味架》。年份截至1930年的原因在于，《四明日报》在1930年终刊。

第一节 1920—1930年间广告的进步

随着商业的繁荣和广告自身的发展，企业经营理念、广告创意的进步在一则则作品中被一一记录，成为我们了解当时经济发展和社会生活的重要窗口。

一、从《时事公报》广告刊例看广告的发展

这一阶段最受瞩目的当属金臻庠等人共同创办的民营报纸《时事公报》，报纸创刊于1920年6月1日。作为创立于宁波商业发达时期的报纸，自主经营的《时事公报》始终把广告作为重要的经济来源，其广告也代表着当时宁波报纸广告的最高水平，为我们留下了大量珍贵的资料。"广告多者，不独经济可以独立，毋需受人之津贴，因之言论亦不受何方之束缚，且可扩充篇幅，增加材料，减轻报资。"[①]《时事公报》创刊第二天就在报纸上刊登了《本报告白刊例》，列出了广告的价格："骑缝第一日每行五十字五角，第二日至第七日每行三角五分，其余每行五角五分，论前加倍，二等减半，码三行至少三天，半年全年另筹。事关重要，须有妥保，本社不负责任，刊资先惠。

---

① 徐宝璜，新闻学，北京大学出版社，1919年，第68页．

如在议定期内自愿少登或即来止登,刊资概不退还。"①从中可见,广告费用与位置的好坏、字数的多寡直接相关,刊登时间长还会有相应的优惠。"刊资先惠"说明了在刊登广告方面,报纸是拥有主导权的。同一天报纸的启事中说明,"本报送阅期内广告繁多,不能尽行登刊,只得择较早送到者先行露布,恐各界或生误会,特此公布并道歉忱。"②可见,愿意在报纸上刊登广告的企业不少。

由于社会的稳定和经济的繁荣,广告获得了迅速发展,看重广告商业价值和宣传效应的人越来越多。1922年底,《时事公报》称"广告拥挤,地位不敷"③,为了容纳更多的广告和获得更好的发展,报纸进行了扩版,扩为每日两张半。

随着报纸和广告的发展,广告刊登的位置与相应的价格更加细化,1923年3月25日《时事公报》广告价格:"特等:新闻中间每行十六字第一天四角,第二天起三角,第八天起二角(四行起码);头等:封面及论前长行第一天五角,第二天起三角半,第八天起二角半(二行起码);二等:骑缝以方英寸计算,第一天每方寸三角,第二天起角半,第八天起一角(二英方寸起码);三等:新月(注:当时的副刊)□下横长行登每英寸开第一天二元半,第二天起二元,第八天起元半(期间逾寸或不满寸依次类推);四等:第一张第四版第二张第一版,长行第一天二角,第二天起角半,第八天起一角(二行起码)。以上均三天起码,长期面议。事关紧要,须有妥保。"④刊例对于广告刊登的位置和价格都做了进一步的细化,这是广告自身发展很好的印证。

伴随着广告的继续发展,骑缝广告由于影响版面美观被取消,广告定价也有了新的变化。1930年12月《时事公报》广告位置与价格:"特等短行:登于新闻中间以四行起码,每行第一天四角,第二天起三角,第八天起二角;头等长行:登于封面及论前以二行起码,每行第一天八角,第二天起五角,第八天起三角;二等长行:登于普通地位,以二行起码,每行第一天五角,第二天起三角半,第八天起二角半。以上广告均三天起码,事关重要,须有妥保。长期广告,论前长行二行起码,每行每月三元,普通地位六方寸起码,每方寸

① 本报告白刊例,时事公报,1920-06-02,版面不详.
② 本社启事七,时事公报,1920-06-02,版面不详.
③ 本报大扩充通告,时事公报,1922-12-01,版面不详.
④ 告白刊例,时事公报,1922-03-25,第一张第一版.

每月一元五角,登期至少三月。"①

　　《时事公报》的采编和经营是分开的,报纸创立不久两个部门就独立开来,"经营部在宁波市中马路 36 号,负责报纸发行和广告;编辑部在宁波槐树路 145 号,负责报纸的新闻采编。"②另外,报纸始终重视发行环节,《时事公报》有专门的发行科,同时要求比其他报纸早一步到读者手中。"后来版面增至对开三张,也是因为广告"③,报纸销量不断扩大,成为宁波 1949 年前出版时间最长、发行量最大的报纸,社会影响力也不断增强。

二、看图说话,生动形象

　　图的变化是这一阶段广告非常显著的进步,不仅数量增加,质量也显著提高,尤以商业广告表现最为抢眼。

　　(一)以图为主,少文案的广告增多

　　这一阶段有些广告开始逐渐减少文字,增加图和留白,广告愈显生动和差异化。1921 年 8 月 27 日《四明日报》仅在一版中就出现了三则以图为主、极少文案的广告,分别是大兄弟牌香烟、中国烟、前门牌香烟,三则广告各占版面四分之一,这种极少文案的广告在此前并不多见。很多广告采用装饰图、产品图、人物图、场景图等方式,使得区别度增加,报纸整体的排版更趋生动灵活。

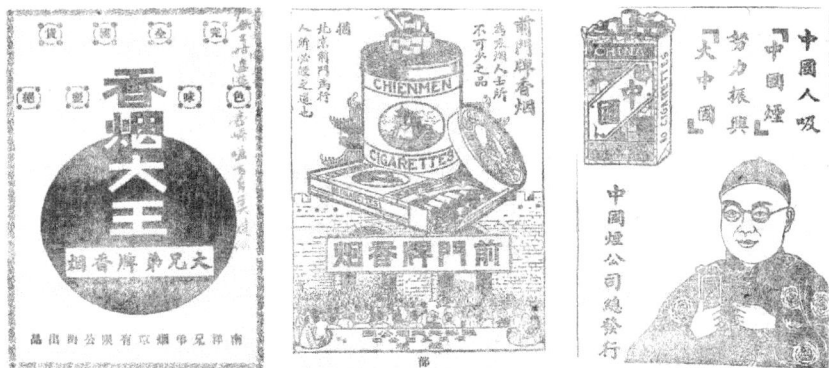

图 4 - 1　同一版面三则香烟广告④

---

　　①　广告刊例,时事公报,1930 - 12 - 04,第一张第一版.

　　②　周军,"国民喉舌"和"民众先导"——民国时期《时事公报》研究,浙江大学硕士学位论文,2007 年,第 61 页.

　　③　曾璐,《时事公报》研究,宁波大学硕士学位论文,2011 年,第 12 页.

　　④　香烟广告,四明日报,1921 - 08 - 27,第二张.

（二）商品图立体化、实景化

在很多广告中,商品图都是立体呈现,这种方式会让消费者对商品的感受更直观,有效增强了商品的"存在感"。立体化的商品经常是包装和商品同时呈现,有些广告更是通过这种方式展示了商品多种类型的包装,如盒装和桶装。

图4-2　生生片、美丽香烟、金鼠香烟广告局部①

依托于新技术,新式、复杂的商品以实景呈现,有利于新式商品较快地被认知和接受。当然,受限于技术的普及度,这种方式在此时并未大规模使用。

图4-3　碾米机广告②

① 广告局部图,四明日报,1930-04-19,第二张.
② 碾米机广告,宁波民国日报,1930-10-10,版面不详.

（三）人物图增多,注重场景化,有现场感

这一阶段广告中图像使用的另一明显变化就是非常有场景化和现场感,无论是使用前(如药品广告中出现症状的焦虑)、使用中(如电筒广告中适宜的使用情形)、使用后(如护肤品、药品等使用后的良好状态)都通过极具情景和现场感的图生动呈现。

图 4-4　婴孩自己药片广告(局部)①

图 4-5　韦廉士红色清导丸(局部)②

图 4-6　如意膏广告(局部)③

图 4-7　美国永备电筒、电池广告(局部)④

（四）文还是图

广告文案不变的情况下,文字的呈现方式却可进行形式上的创新,如红狮牌香烟广告采用书信方式,看上去像是书信照片,较之纯文字,仅仅是换

---

① 婴孩自己药片广告(局部),四明日报,1930-04-19,第二张.
② 韦廉士红色清导丸(局部),宁波民国日报,1927-05-17,版面不详.
③ 如意膏广告(局部),(时事公报副刊)五味架,1928-12-09,版面不详.
④ 美国永备电筒、电池广告(局部),(时事公报副刊)五味架,1930-01-01,版面不详.

了形式,却在版面中格外醒目,吸引力自然倍增。

图 4-8　红狮牌香烟广告①

三、以文"会友",参与其中

除了图的变化外,文案同样有了改变,很多广告文案改变企业、产品、地址、电话加上欢迎光顾的平铺直叙的方式,开始使用问题式、对话式、号召式等,让消费者有了参与感,像和消费者聊天一样。在之前的广告中,除了类似欢迎光顾的表述,都是企业在讲自己和产品,无太多情感色彩,更没有消费者参与的空间。广告像是面对着消费者在提问或聊天,尽管是自问自答,但明显较之前更生动,也更富有感染力。

广告语言风格的明显变化与作为新文化运动重要内容之一的白话文运动密不可分,受此影响,白话的广告语言、文言的广告语言、白话文言夹杂的广告语言在此时的文案中同时存在,尤其是白文夹杂较多,体现了过渡时期的特点。"语言大体上接受了白话的框架,文言发挥的余地在于文言词或典

---

① 红狮牌香烟广告,时事公报,1930-12-04,第一张第一版.

故的运用，又常常能画龙点睛。"①

　　明星照相公司广告："他们的牌子弗比人家老，货品要比别家好，君有拍照兴致么？请驾明星试一遭……试试看，试试看，才知勿是吹牛。"②有提问，也有试试看这样口语化又重复一遍的号召，有了企业与消费者面对面的感觉。

　　华英照相公司广告："这几句要紧话人人不可不看：各界高尚的人士们，本公司抱着极诚恳的态度，向各界发表一个很可研究的问题，便是在这个美好的新年当中，诸君摄影为的是求照相好呢，还是求价钱便宜呢（即有折扣），抑是诸君以第二个为合意的。老实说，本公司设立二十余年，向来以货美价实为目的，那些活头性质是不行的。如诸君喜欢第一个，即照相精美，那么本公司可以担任这个责任，必使诸君有一摄称心之乐，还有赠几只架子，可使照相保护得，你想这样的商店宁波能有几个呢？"③广告的标题是"这几句要紧话人人不可不看"，突出重要，增加吸引力，然后就抛出问题，大家更在意照相精美还是价格便宜，针对当时很多企业都打折的价格战，强调自己照相精美，且"货美价实"，这才是消费者真正需要的，最后反问"你想这样的商店宁波能有几个呢"，凸显自身优势，又有和消费者探讨的感觉。

　　雅霜广告也采用问句形式："君欲貌美如潘郎么？君欲尊夫人及令嫒如西子么？"④宁波新阳泰食品公司广告标题同样采用问句："诸君你们最风行味精香糕有否吃过？"⑤都容易带给消费者对话感和参与感。

　　新阳泰茶食号味精椒盐香糕广告则采用打电话的方式："喂，九百五十四号，你是新阳泰么？你们所出的味精椒盐香糕味儿很美，我们主人赞不绝口，请你赶快送十听来，不要忘记！"⑥让消费者夸奖商品，也让消费者直接出现在广告中。

　　还有一些文案采用祈使或号召的方式，如宁波华明制药公司广告："听

　　①　史存敏.民国时期广告语言浅析——以宁波《民国日报》报载广告为例.现代语文（语言研究版），2014（08）.
　　②　明星照相公司广告.时事公报，1923-06-09，第一张第四版.
　　③　华英照相公司广告.四明日报，1929-02-16，版面不详.
　　④　雅霜广告.时事公报，1930-12-04，第一张第三版.
　　⑤　宁波新阳泰食品公司广告.宁波时报，1931-04-01，第二版.
　　⑥　新阳泰茶食号味精椒盐香糕广告.四明日报，1929-06-24，第二张.

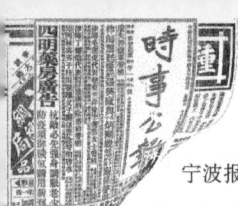

悲惨的呼声：红肿了，痒得不堪呢，痛得难忍呀，肉烂血流了，这是受冻疮痛苦的一种悲惨的呼声，年年不绝于耳……"①一个"听"字，极具参与性和情景感，好像呼号声就在耳畔。照相店广告（店名不清晰）站在时光易逝的角度，对消费者说："似花青春如水流年，朋友呵，给他留下影儿去。"②配图是鲜花，让消费者感觉到流逝的时光和青春，从而选择照相留影纪念。

还有广告文案采用对话的情景剧方式，很有现场感，如哈德门香烟广告中，两个人用扇子遮挡面部，上面冒着烟，配文："（问）他们俩在那儿干吗？（答）我想是吸哈德门香烟。③"对于平面的报纸和空间有限的报纸广告而言，表现情景和情节并不具有优势，对话已是能够呈现现场感比较好的方式。

天胜照相馆的广告似乎有更多的进步，除了多人对话的情景外，还有"第七名，楼瑛君投稿"的字样，看上去比较像企业发起的消费者有关自己产品和服务的投稿活动，由于在其他的天胜照相馆广告中并没有看到别的名次的类似广告，所以无法断言是否为活动。天胜照相馆在20世纪八九十年代经常发起冠名赞助的活动，如果此次广告也是消费者参与性的活动，那么倒是极具超前意识。广告标题是"啊，原来就是她么？"，类似副标题的"婚姻的恩物，有情人都要来求教于我"，无论是主标题还是副标题都有一定的悬念性，正文："他拿了照相皱着眉只是摇头，她的父亲坐在旁边说道：你这个不要么？好！你不要愁虑，我以后再和你物色一个好的就是了。过了几天，他看他手中的倩影，直笑得眼睛儿变了一条线。这个一定好了？他父亲在旁问他。他听了俯着头只是微笑。后来他问道：这姑娘不是姓王的么？真是。一吓，原来就是她啊！哟，娟妹！说了。他忍不住哈哈大笑起来了。只是前天给我看的一个又是谁呢。他父亲看了他这样痴痴癫癫的神气，亦哈哈笑道，也是姓王的，据说芳名叫秀娟呢。他听了愣着说，为什么秀娟会变得这样难看了呢？前日的一张据说从某家蹩足的照相馆里拍来的，所以西施变成嫫母了。今天这一张是从江北岸天胜公司拍来的。他父亲这样说。怪这呢！我道二人的相貌，怎么很像，原来都是她一人，却不料照相公

---

① 宁波华明制药公司广告，四明日报，1926-01-01，第一张.
② 照相店广告，四明日报，1929-02-16，版面不详.
③ 哈德门香烟广告，时事公报，1923-05-29第一张第四版.

司的好歹,能够把爱情破坏和结合! 那么,天胜公司真是我俩的恩人了。明天我一定也是去拍一张了![1]"情节有一定的起伏,氛围轻松愉快,能吸引人阅读完整则广告。

四、广告中彰显出的理念与策略的进步

从广告作品中不难看出企业的销售理念与策略,市场竞争的规范与进步在广告中一一得以记录,优秀的广告也能形成有效的示范,带动宁波广告行业的发展。

（一）品牌意识显现

随着市场竞争的加剧以及企业和广告的发展,广告中商标、品牌名愈发被突出强调,这也是企业长远的品牌意识的萌发。较之纯文字时代的广告只能通过更大字号和差异化字体予以突出,图文并茂的方式显然更易于展示商标。

图 4-9　虎标八卦丹广告(局部)[2]　　图 4-10　司丹康广告(局部)[3]

商标或品牌名周围采用留白的方式,如虎标八卦丹和司丹康广告,都使其更加醒目。无敌牌擦面牙粉广告则采用细节特别标注的方式予以提醒,"注意中间红字方是正牌""注意蝴蝶"。船牌肥皂广告左上角商标醒目,右边有品牌名称,产品图上再次出现商标图案和品牌名称。

---

① 天胜照相馆广告,时事公报,1928-05-25,第一张第二版.
② 虎标八卦丹广告(局部),四明日报,1930-04-19,第二张.
③ 司丹康广告(局部),(时事公报副刊)五味架,1930-05-28,版面不详.

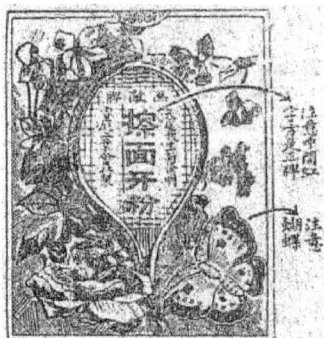

图 4‑11　无敌牌擦面牙粉广告（局部）①

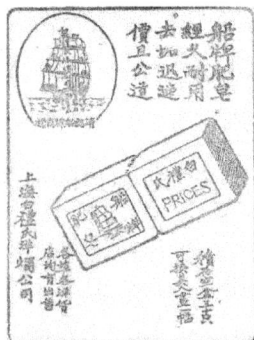

图 4‑12　船牌肥皂广告②

从这一阶段的广告不难看出，商标与品牌意识已非特例。以 1922 年 12 月 9 日《时事公报》中的一版为例，一共六则广告，五则都把品牌名称（或商标）予以重点突出。两则纺织企业广告——罗列出企业的注册商标，立兴织造厂的注册商标有：天女散花、嫦娥奔月、麻姑献寿、牛郎织女、金马、老佬；美球针织厂的注册商标有：美人、蝴蝶、人球、蜜蜂、肖像、老虎，每一个注册商标都有一个与文字大小接近的黑圆；宁波正大公司也罗列了如下品名：浙江牌、宁波牌、民国牌、童车牌、学生牌。另两则更大版面是洋货广告，一则是三五，一则是高露洁，品牌名也非常醒目，尤其是三五香烟，不算文案正文部分，中文、英文、包装盒、场景图，品牌名共计四次以大字号出现。

图 4‑13　三五香烟广告③

图 4‑14　双狗牌洋烛广告④

---

① 无敌牌擦面牙粉广告，(时事公报副刊)五味架，1928‑12‑09，版面不详.
② 船牌肥皂广告，四明日报，1923‑01‑04，版面不详.
③ 三五香烟广告，时事公报，1922‑12‑09，第三张第二版.
④ 双狗牌洋烛广告，时事公报，1923‑01‑10，第三张第一版.

双狗牌洋烛广告虽有四分之一版面大小,但无配图,较多留白,品牌名字号大且居中,非常醒目。当广告中的配图越来越多的时候,寥寥几个大字也算一种差异化策略。

品牌及商标意识凸显在广告表现中比较有创意的都是"洋货",这对国货具有较强的启发性和示范性。

(二)广告中可见产品定位

当时很多商品没有清晰定位,目标消费群体也不细分,比如百龄机号称"男女老幼四时皆宜"(1927 年 7 月 10 日《宁波民国日报》百龄机广告,版面不详),看似消费者人群宽泛更易带来高销量,实则是对自身商品认知不清或干脆属夸大其词的表述,类似表述在药品和保健品广告中体现得尤为明显。与之相对,清导丸广告则以"清导丸如何有益于从公室内之辈[①]"为标题,把自己的消费者定位为"从公室内之辈",具体而言即如"商店职员、家庭妇女以及众笔墨或艺术生涯者",这些人群因为缺乏户外运动而带来头脑不清、容易犯错等问题,适宜服用清导丸调剂。产品目标群体明晰,相应地,功效也就更易让人信服。1929 年 2 月 16 日《四明日报》新奇香居把嵊山淡鳗鲞和牲牲泰豆酥糖定位为"送礼佳品",这个定位以粗体大字号的广告标题形式呈现,非常醒目,而嵊山淡鳗鲞上市也是这则广告提供的新信息。

这一阶段中有部分广告可见产品的定位,有些非常明晰,虽然部分有夸大其词的嫌疑,但至少突出了某一核心优势,比起只讲产品名与用途,还是有了很大的进步。如"是人人相宜的补品"的自来血、"为素食必需之唯一妙品"奉化生生厂的油焖鲜竹笋、"黄梅时节请采用"的凤凰牌及辘轮牌火柴、"增加饭量"的哈兰士人中宝、"日用必需之要品"的棕榄香皂、"出行之前搽"的旁氏白玉霜、"第一补血妙品"的美女牌葡萄干等。当然,此时定位理论并未形成,但从这样的策略中不难发现,突出某一特点或优势不但易记、易被认可,也更易形成有利的竞争。

(三)不同版本广告保持新鲜或各有侧重

部分产品广告在较短的时间内发布不同的版本,这些不同的版本并不是细枝末节的微调,而是整体排版或配图的大变化,这也体现了广告的进

---

① 清导丸广告,四明日报,1930 - 02 - 05,第一张.

步,广告在更新中保持对消费者的吸引力与新鲜感。

天厨味精刊登在《四明日报》上的广告在不到两个月时间中,广告排版与设计有了非常大的差异,两则刊登日期分别是1930年2月17日和1930年4月8日。一则在中间以味精两个字为中心,夸赞产品的文字在四周呈放射状排版,虽然放射状排版会使部分文字斜置或倒置,但由于这些夸赞性文字是重复排布的,所以并不影响阅读。上方是天厨味精几个大字,下面左右各一个白色色块,写着"明星国货""驰名世界"的字样。另一则配有产品图,上面写着"中华国货首先创制之调味粉",两则排版差异很大。

图4-15 天厨味精广告①   图4-16 天厨味精广告②

1930年10月10日《宁波民国日报》两个不同版面都刊登了宝华干牛奶广告,但侧重点明显不同,一则立足于产品自身特点"病菌绝迹,久藏不坏",另一则是从使用者角度的强调"补质富,油质轻",两则的差异从配图即可见。两则版面相似,现在我们称这样的广告为系列性广告。

---

① 天厨味精广告,四明日报,1930-02-17,第二张.
② 天厨味精广告,四明日报,1930-04-08,第二张.

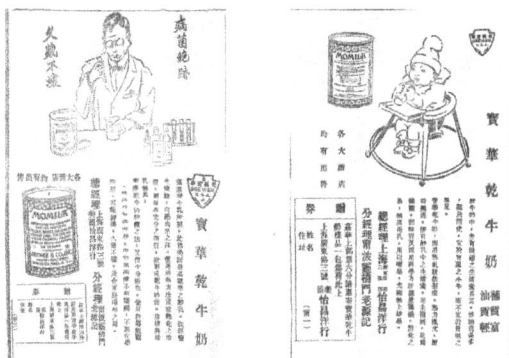

图 4-17　宝华干牛奶广告①

　　1922 年《时事公报》中紫微星洋烛和美女牌葡萄干的广告分别在 12 月 5 日和 12 月 9 日发布的两则也有着明显的差异。在这两天的报纸中，两个产品的广告都是并置的，各占约四分之一的版面。紫微星洋烛一则以产品为中心，留白，周边装饰以闪光的星形图案；另一则则整体反白，左上角有发光的星星，下方是暗夜中被烛光照亮的家。一则突出产品，一则展示使用情形与效果，主体元素与整体版式差异都很大。美女牌葡萄干的广告虽然图文位置相似，但由于两则广告针对的目标消费者不同，因此配图不同，一则目标消费者是女士，另一则是小孩子，广告强调小孩子食用葡萄干要好于一般糖果。针对不同消费者分别设计广告，这样的方式好于在一则广告中塞入过多的信息，也较之男女老幼通吃的广告更具针对性，表现更具体。

图 4-18　紫微星洋烛和美女牌葡萄干广告②　图 4-19　紫微星洋烛和美女牌葡萄干广告③

----

① 宝华干牛奶广告,宁波民国日报,1930-10-10,版面不详.
② 紫微星洋烛和美女牌葡萄干广告,时事公报,1922-12-05,第三张第一版.
③ 紫微星洋烛和美女牌葡萄干广告,时事公报,1922-12-09,第三张第一版.

美女牌葡萄干在《时事公报》1923年2月22日、3月25日、4月1日、5月30日分别刊登了四则广告,广告一角还有数字标号。第一则广告强调葡萄干的营养:"此葡萄干之精美,依据化学家之化验,滋养料极充足,一磅葡萄干可抵下列各食品之一。"第二则包含食用方式和优点:"用美女牌葡萄干和冷水煮开,葡萄干肥大如鲜者,味极甜清。晨或下午食之为最佳之点心。葡萄富含铁质,铁能补血,常食葡萄,血气充足,精神百倍。"第三则是针对小孩子的优点:"给小孩的礼物,顶好是美女牌葡萄干,因为它滋味实在美,吃了有益处,而且盒子颜色鲜红可爱,那图中的女子便是小孩的小朋友。"第四则讲的是原材料的优质:"美女牌葡萄干,全用精选良种美国葡萄晒干,如左之葡萄即是,一串重数磅,粒粒肥大,汁水浓厚,味甘甜,气清香,在日光中晒干,不变原味,与鲜者无别。"对于这种形式,也许当时还没有规范和统一的称谓,但统一的定位,不同的侧重,让广告颇具现代意识。

图 4 - 20　美女牌葡萄干广告①

图 4 - 21　美女牌葡萄干广告②

①　美女牌葡萄干广告,时事公报,1923 - 02 - 22,第一张第四版.
②　美女牌葡萄干广告,时事公报,1923 - 03 - 25,第一张第四版.

图 4-22　美女牌葡萄干广告①

图 4-23　美女牌葡萄干广告②

第二节　时代的印记:国货运动与国货广告

20世纪二三十年代的国货运动在报纸的新闻、言论和广告中都有明显体现,时局危机数量增多,时局平稳数量减少,呈现正相关。1927年6月6日《宁波民国日报》报纸最上方写着"中国国民党政府对外政策第一条:凡自愿放弃一切特权之国家,及愿废止破坏中国主权之条约者,中国皆将认为最惠国。"1929年6月24《四明日报》刊登了一则题为《我们的热血非流到大西洋太平洋不可? 唯一要素:努力提倡国货积极抵制外货》的演说报告,标题极为醒目。《时事公报》创立原因之一即是抵制日货"为了鼓励人们使用国货,有专门设计,如广告版设有'国货广告专栏',两旁刊载'卧薪尝胆''矢志不忘'的口号,并要求所有工商企业的广告标明生产、供应的商品为'完全国货'。当时民众以抵制日货为荣,国货很受人们的垂青,所以商户们踊跃在

---

①　美女牌葡萄干广告,时事公报,1923-04-01,第一张第四版.
②　美女牌葡萄干广告,时事公报,1923-05-30,第一张第一版.

这张报纸上刊登广告。"①可以说,时局危急的时候,报纸每一个角落都洋溢着爱国热情。每逢时局动荡,报纸的出版以及包括广告在内的商业活动都会受到影响,发展停滞甚至是倒退,广告总体显现出与时代脉搏同频共振的特征。

1930年《时事公报》副刊《五味架》在5月15日和19日,分别登载了两篇论述支持国货的文章,一篇为署名人灰的《服用真正国货》,一篇为署名老记者的《实用国货》。

《服用真正国货》②例举了一位真正服用国货者"伊博士":

伊本是一个普通商人,从前也会买外国货。自从五卅惨案以后,伊觉得中国人受外国人的侮辱,已到极点,痛恨外国人的心,比刀割还厉害。但是一支笔,究竟不能敌十万毛瑟,只好由痛恨的心,改成爱用国货的心了。伊爱用国货的心,非常有毅力,始终不变,到现在还是和起初一样。若是全国的民众,都像这位博士有恒心的服用国货,中华民国到现在不知强盛到如何地步了。伊身上所着的、日常所用的,无一样不是国货。叫伊买老牌洋纱团,所谓老牌洋纱团,就是外国货,但是伊不怕河东狮吼,偏偏买中国货新牌洋纱团,实在国货洋纱团真不堪缝衣之用。伊每次想买一只热水瓶,但是没有国货,只好不买。后来在一爿广货店里,买来一只,据店伙说确是真正国货热水瓶,并且还有工商部国货证明书,伊因此买了来。但是伊还会怀疑,是外货冒充了国货呢。伊凡到亲戚朋友家里,有喜庆事去吃酒,敬客的烟若是外货,伊就不吸。若有人送给伊月份牌,是外国公司的,伊也不要。总之,伊爱用国货,是无微不至,真是难得。愿国人起而效之。这位博士,可与我们这里的奥国博士做一对大蜡烛,但是他们虽是蜡烛,所放的光明,倒可引人入爱国的路线。

文章用"伊博士"自己的做法具体展示用国货以体现爱国的行为,比起讲大道理,这种落实到个人行动上的做法,对于读者而言,应更有感召力和示范意义。

---

① 周军,"国民喉舌"和"民众先导"——民国时期《时事公报》研究,浙江大学硕士学位论文,2007年,第53页.

② 人灰,服用真正国货,(时事公报副刊)五味架,1930-05-15,版面不详.

而《实用国货》①一文则对洋货并非一概而论地拒绝，而是认识到有些高科技的产品、药品及其他必需品，国货中没有可代替的，不在限制之列。同时，文章也对一些人空喊口号而不身体力行的做法嗤之以鼻，指出了宣传后重点在实际怎么做，一人实践再带动周边的人一同使用国货，会是非常有效的。

提倡国货的浪声，一天高似一天，却是国货振兴的好现象。我看提倡国货，虽是重在宣传，却不是宣传之后就算完事的了，还是要大家实做起来，才可见得些功效。否则大家仍旧是穿洋货用洋货吃洋货买洋货卖洋货，那么中国的国货，没说是民国十九年，就是到九十九年，也不能兴盛起来。

可笑的当中有几个朋友，走到宣传国货会里面，不顾自己穿着洋货，也站在那厢，喊着提倡国货口号。这种怪现象未免于他们良心上，太说不过去了。所以我思来想去，要发起一个近情近理的实用国货会。其目的是专在自己实用国货，对于人家买卖服用，都不去强制干涉，以免引起外交部的质问和秩序的扰乱。还有一层，所谓实用国货，就是不用洋货，然而洋货之中，也有关于科学上、药品上以及其他所必需，此等洋货又无国货替代品，就可作为例外，不在止用之列。如是先由一人誓行实用，再而推之朋友、亲戚，一而十，十而百，百而千，千而万，那国货自可提倡起来了。

我想从前五四运动之后，什么反日，什么抗英，从中热心的朋友不少，他们现在冰融雪解的不晓得到哪里去了。故我想到从前宁波人抵制劣货的伟大成绩，所以要发起一个冷冷静静的实用国货会来，用消极手段抵制洋货。现正征集同志，如有一百人以上，赞同我的主张的，我就来干一下。

1923年6月1日《时事公报》在一全为商业广告的版面刊登了以"我亲爱的同胞呀！"为题的号召："事急了，势迫了，二十一条及旅大问题，是我国的生死关头了，消极的抵制日货，积极的提倡国货，这是国民外交的最好的手段和方法呀！"②1927年6月6日，《宁波民国日报》刊登了公安部政治局"反对日本出兵山东"的宣言，位置处于一版上半部分正中，有留白，非常醒目。

---

① 老记者，实用国货，（时事公报副刊）五味架，1930－05－19，版面不详.
② 我亲爱的同胞呀，时事公报，1923－06－01，第二张第一版.

图 4 - 24　反对日本出兵山东①

　　这一阶段的商业广告中大量出现诸如国货、完全国货、国产、救国、爱国、国人、同胞、非常时期等字样,这些文字一般都很醒目,有些就是在广告标题中,以这一则广告中最大字号予以呈现;有些则是把相关国货的文字放在广告最上方或配图两侧;也有相关文字以印章方式呈现,周围有一定的留白等,其醒目程度不亚于商品。

　　1928年5月25日《时事公报》在同一版面中有五则广告直接针对日货,包括:宁波东门大街鸿盛绸缎局"肃清日货,特别减价,不惜血本"、宁波东门外小江桥大昌绸缎局"日货蚀本斩脱"、宁波鸿昌绸缎局"四月初一起东洋货大拍卖:肃清日货足尺加四,东洋货大拍卖,绸缎绫罗一律贱卖"、大有丰"日货照码八折,牺牲血本在所不计"、宁波江北岸锦华行门市部"东洋货大减价",都是针对日货的促销。

　　洋货广告中也能看到受到国货运动影响的印记,如1923年6月9日《时事公报》哈德门香烟广告中用书法字体写着"在中国制造"几个大字,颇有规避风险的用意。而在抵制洋货中,国货也在和洋货进行着比较,更在向洋货学习,三星牌牙膏在广告中强调"品质与外货无异,而价格仅及市上最流行外货三分之一"②,从中不难看出对洋货质量的认同,而同时也能发现洋货在当时市场上还是非常受欢迎的。

　　特殊时期的特殊广告以最贴近受众的方式记录着时代,任何大事件几

---

①　反对日本出兵山东,宁波民国日报,1927-06-06,版面不详.

②　三星牌牙膏广告,时事公报,1929-10-05,第二张第一版.

乎都能在同时代的广告中找到它的身影,广告的历史也可谓是最通俗的世界史、国家史和区域史。抵制外货并不是强盛自己的有效道路,只能是非常时期的非常举措,洋货与洋货广告也给我们提供了很好的学习范本。

第三节 竞争与发展中的必然：问题广告

广告从无到有,在发展过程中必然会出现各种各样的问题,在问题、纠错与监督中,广告不断探索和发展着。

问题广告在药品和保健品这一类别出现得最多,此类商品持续采用一致的推广方式,就是让使用者(婴幼儿产品则是其家人)"现身说法",推介商品,这些推介者有所在地、姓名、职务等具体信息,还配有推介者或使用者人物图,同一产品的推荐者也经常更换。如婴孩自己药片广告以"秀琴康强邻儿无恙,深感婴孩自己药片之功"为题,正文中指出"秀琴系浙江佛堂朱君寡聪之令媛,即图中坐在其母之膝上者,朱君前任县议会议长并商会会长……"①,不但有地域、姓名、职务,还有配图,同时又有"邻儿"再次印证使用效果。1930年2月5日的《四明日报》同一版面中,除了婴孩自己药片,清导丸和韦廉士红色补丸也都采用使用者印证产品效果的方式,韦廉士红色补丸广告中有分别来自四川、浙江、安徽的三位消费者,职务分别是"乾元号经理""浙江上虞公产公欵委员会前资政院议员""安徽蚌埠万国储蓄会主任"②。在1930年4月19日的《四明日报》广告中,印证效果的消费者又有变化,婴孩自己药片是"福建兴化东沙美会牧师"③、清导丸是湖北蒲圻人士、韦廉士红色补丸是"广东商人"父子俩。广告中的推销策略雷同,可信度也并不高。

药品与保健品广告中还经常出现夸大产品用途和功效的情况。如1927年7月10日《宁波民国日报》百龄机广告以"人生四个时代"为标题,写出在

---

① 婴孩自己药片广告,四明日报,1930-02-05,第一张.
② 韦廉士红色补丸广告,四明日报,1930-02-05,第一张.
③ 韦廉士红色补丸广告,四明日报,1930-04-19,第二张.

幼年、发身(男十五、女十三)、中年、老年四个时期都可以服用,"男女老幼四时皆宜,日服数片,延年益寿"①,任何人、任何季节都适宜,还要"日服数片"的保健品,可想见其夸张与盲目的程度。1929 年 10 月 5 日《时事公报》上海五洲大药房人造自来血广告以"求子者须根本解决"为主题,标题并无不妥,但正文中多处有夸大其词的情况,"多病的女子连服一二瓶后,饭量猛增,面色红润,……宿病可以痊愈。乃一索而得男……耐心久服,竟可延长寿命。服后步步见功,一试即知奇效。"②另外还有如治胃圣药散的"屡试屡验,马上见功"、清狗鞭健肾丸的"惊奇功效"、维育麟的"返老还少"等,圣品、神药、药到病除、永不复发、唯一等字眼更是常见。痔疮断根散广告中就出现"独一无二""灵药""立刻止痛""二盒包愈,一服断根",连同其产品名都有着夸张的情况,可谓是问题广告最严重的产品类别。

图 4-25 痔疮断根散广告③

策略雷同,使用极致性语言的并非局限于药品和保健品广告。1929 年10 月 5 日《时事公报》雅霜广告"空前绝后之化妆妙品""发明最早,质料最好,普通出品,安足与抗"。④ 旁边同类型的产品香水霜则写着"确为后起之

---

① 百龄机广告,宁波民国日报,1927-07-10,版面不详.
② 人造自来血广告,时事公报,1929-10-05,第一张第三版.
③ 痔疮断根散广告,(时事公报副刊)五味架,1930-05-28,版面不详.
④ 雅霜广告,时事公报,1929-10-05,第一张第一版.

秀,足能压倒一切"①,发明时间的先后是有据可查的,但是否最优并无可衡量的标准,更何况,这些商品都有着因消费者个体差异而效果不同的特征,所以,并无谁压倒谁的说法。同类型产品使用同样的宣传语,看似针锋相对,实际于对手并无任何杀伤力。

较之上一个十年,广告在排版上有了很明显的进步,出现了不少排版美观、信息清晰的广告,有些广告就排版而言,与今天的广告相比并不逊色。但也有一些广告信息过多,排版拥挤,似乎想要在一则广告中把企业所有的产品信息都塞入其中,以下三则广告是在同一版面中,孰优孰劣,一目了然。

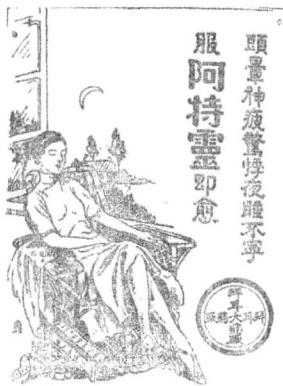

图 4-26　阿特灵广告②　　　图 4-27　天胜照相馆广告③

图 4-28　三德洋行广告①

一旦确实有很多信息又想展现在同一则广告中,不妨在形式上有些创新,比如设置具有情景感的对话方式,图文并茂,如图 4-29 味精广告;也可

---

①　香水霜广告,时事公报,1929-10-05,第一张第一版.
②　阿特灵广告,时事公报,1929-10-05,第一张第三版.
③　天胜照相馆广告,时事公报,1929-10-05,第一张第三版.
④　三德洋行广告,时事公报,1929-10-05,第一张第三版.

以分门别类在不同日期的报纸中分别刊登，避免版面拥挤，密不透风，降低广告的效果。

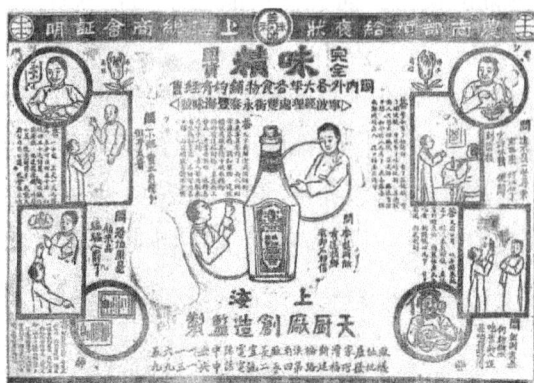

图 4 - 29　完全国货味精广告①

第四节　1920—1930 年间其他创意广告

一、为商品寻找到额外作用

1926 年 1 月 1 日《四明日报》上刊登的雅霜广告以"雅霜之副作用"为题，具体文案如下②：

雅霜一物本为嫩面之品，有润肤美颜移俗□雅之功，并为冬令所不可缺，已是尽人皆知，然其副作用更有益于人们，但从未经人道及，是以知者绝少。近接各地试用者报告，均谓雅霜香味可以醒脑精神，在做事疲倦神志昏沉时，用雅霜少许抹之手掌，一再闻嗅，脑筋先感愉快，约十分钟后心爽神怡，精神为之大振。故雅霜之用不仅专为嫩面润肤且有益于身心，如能常抹雅霜，香味阵阵，精神上非常快乐。以上云云，确已证实，但敝药房为慎重起见，敢请海内仕女之爱用雅霜者试用，辨别与他种化妆品香味有何异同，进而教□，曷胜荣幸。

---

① 完全国货味精广告，宁波民国日报，1927 - 07 - 10，版面不详.
② 雅霜广告，四明日报，1926 - 01 - 01，第一张.

广告首先强调产品功效和优点,"嫩面""冬令所不可缺",并且说明这些功效"尽人皆知",之后引出"接各地试用者报告",发现雅霜还有提神醒脑的功效,但为了慎重起见,请女士们试用,以辨别雅霜与其他化妆品的不同。是否具有这样的新功能暂且不说,有无真正的试用者报告也无从考证,创造产品新的亮点引起话题和关注才是广告的高明之处,这种方式尤其适用于已经处于生命周期成熟期阶段的商品,相当于再次激活了商品。

图4-30 雅霜广告①

图4-31 卜内门肥田粉广告②

二、对比手法展现使用效果

卜内门肥田粉广告中,非常形象地用图展示出使用和未使用卜内门肥田粉的区别,一边是收获满满,种植者笑逐颜开,一边则是收成不好,种植者愁眉不展的样子,区别明显,一目了然,也能有效避免因措辞不当产生夸大其词的问题。广告整体排版布局比较合理,图文并茂,各司其职。

三、以奖项证明优质

三星牌应时用品广告在产品图两边,依次列举了产品所获得的八个奖项,包括:农商部最优等奖、江苏地方物品展览会一等奖、浙江实业厅一等奖、上海总商会商品陈列所第一次展览会审查会最优等奖、福建保存国会公

---

① 雅霜广告,四明日报,1926-01-01,第一张.
② 卜内门肥田粉广告,四明日报,1926-10-14,第二张.

会奖凭、福建实业厅奖状、农商部物产品评会一等奖、巴拿马赛会奖凭等，以证明产品属于"上等"。这种列举奖项的方式在几十年后的20世纪八九十年代我国的广告中经常可见，"省优部优国优""在某博览会上荣膺金质奖章"等也成为那时广告留在人们记忆中最深刻的标签，而此时以获奖证明优质的方式还有一定新意的，体现出国货广告的探索。

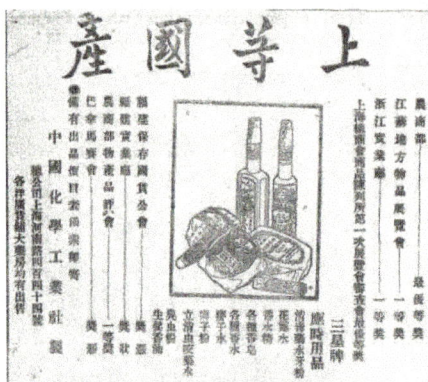

图 4 - 32　三星牌应时用品广告①　　　图 4 - 33　亚细亚鱼牌头等火柴广告②

四、与商品无关，与消费者有关

亚细亚鱼牌头等火柴的广告以"注意健身二十种"为标题，在广告中提供了多达二十种日常生活保持健康的一些注意事项，节选部分：早晨起身后操轻便运动十分钟；烟酒不入口，杂物不进胃；成人之睡眠时间以八句钟（注：八个小时）为最适度，过多过少均有害于精神；每日刷牙至少一次；衣服宜常晒于日光中之行消毒作用；饱食后均不可骤饮多量水分以冲淡胃液而妨消化，须待一句钟（注：一小时）后方可饮；室内终年不见日光万不可以作居室；宜保持室内空气之清洁。二十条中没有一条和火柴相关的内容，甚至通篇完全没有提及火柴。广告看似是图文不符，文案偏离了主题，但仔细思考，在媒介相对匮乏的年代，人们获取信息的渠道非常有限，对于像火柴这样的简单日用品，除产品名和一些促销内容，广告不太能够提供其他高价值的信息。于是，另辟蹊径，说些和火柴无关的东西。当然，这些对于消费

---

① 三星牌应时用品广告，时事公报，1923 - 06 - 09，第一张第一版.
② 亚细亚鱼牌头等火柴广告，时事公报，1923 - 06 - 09，第一张第四版.

者而言是非常有用的内容,相当于广告直接附赠了生活小常识,不但与同类商品广告不同,消费者会特别留意甚至是保存这样的广告都不无可能。

五、向书法名家"借"字

大前门香烟分别借米芾、苏轼、王羲之的书法字,集合成为夸赞自己商品的语句,可以说是相当有创意了。广告下半部分是商品名和商品配图,上半部分中间是黑色色块,色块上用白色文字写着"大前门香烟制法精良 芾",左右两边平均分布着如下文字"宋米芾天资豪迈笔法精奇自树一帜不落窠臼,敝公司觅得真本,选集数字以享阅者",色块下方写着"集米南宫书法",其中"大前门香烟制法精良 芾"取自米芾真迹。苏轼版本广告布局与米芾版相同,文字分别是"大前门香烟云蒸霞蔚轼书""宋苏轼书法如天马行空放纵自若,本公司刻泛秘本中选得数字,兼可成一古语以享阅者""集苏东坡书法",其中"大前门香烟云蒸霞蔚 轼书"取自苏东坡书法真迹。王羲之版本广告文字分别是"大前门香烟优美异常名不虚传 羲之""晋王羲之书法超妙入神,真迹已不可见,此泛大内藏本选集数字成一语句,以助阅者清兴""集王右军书法",其中"大前门香烟优美异常名不虚传 羲之"是取自王羲之书法真迹。从藏本中找到散落在各处的字组合起来赞美自己的商品,巧借名家之手,助观看者雅兴,也能同时提升自己,创意与众不同。

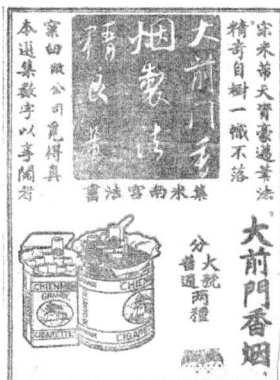

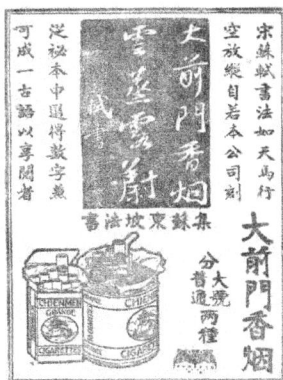

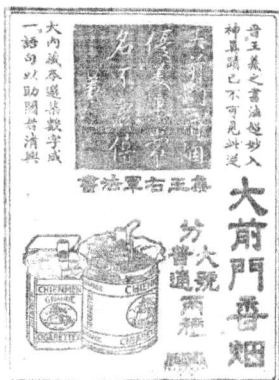

图 4-34 大前门香烟广告① 图 4-35 大前门香烟广告② 图 4-36 大前门香烟广告③

---

① 大前门香烟广告,时事公报,1923-04-01,第一张第四版.
② 大前门香烟广告,时事公报,1923-05-29,第一张第四版.
③ 大前门香烟广告,时事公报,1923-06-09,第一张第四版.

六、改编诗歌,拉近距离

双妹老牌雪花膏广告以"一顾兴人城,再顾兴人国"为标题,正文:"若用双妹老牌雪花膏及艳颜水则一顾兴人城,再顾兴人国。宁不知兴城与兴国,香膏难再得。"[①]巧妙改编了《李延年歌》,原文:北方有佳人,绝世而独立。一顾倾人城,再顾倾人国。宁不知倾城与倾国,佳人难再得。

来沙而和以水广告开篇使用了两句国人很熟悉的表达:"来沙而和水辟秽兮,可以洁我身;来沙而和水消毒兮,可以濯我足。"[②]国人都知道是改编自先秦时期就流传在民间的《沧浪之水歌》,原文是:沧浪之水清兮,可以濯我缨。沧浪之水浊兮,可以濯我足。这首作者不详的民歌在我国有着广泛的群众基础,熟知者众多。

对于洋货而言,改编中国人熟悉的诗歌,"入乡随俗",能够有效拉近产品与消费者的距离,从而容易被消费者认可和选择。

图4-37　来沙而和以水广告[③]　　图4-38　新式奇异老牌灯泡广告[④]

七、以形象比喻说明本质区别

新式奇异老牌灯泡广告用长江蟹与阳澄湖蟹"形固相似,味有不同"来

---

①　双妹老牌雪花膏广告,四明日报,1926-01-01,第一张.
②　来沙而和以水广告,时事公报,1930-12-04,第一张第二版.
③　来沙而和以水广告,时事公报,1930-12-04,第一张第二版.
④　新式奇异老牌灯泡广告,时事公报,1930-12-04,第一张第一版.

比喻仿制其外形的劣质灯泡和自己的优质灯泡。文案:电灯泡优劣之分与蟹正有同样情况,盖杂牌灯泡无不以摹做形式、低价出售为其唯一推销方法,用后之费电、易破,均非所计,用者不察,往往受其愚。是以欲求省电耐用、光明可靠,非指定奇异老牌,认明奇异商标不可。对于产品的优劣,外观比较难以辨别,通常要经过长时间使用才能区别,正是基于商品的这一特点,用通俗易懂的事物作为喻体,消费者理解起来自然就没有什么难度了。

第五章 1931—1939 年：报纸种类最多
的深入化发展阶段

所谓"最多"是较之以前而言。这一阶段的报纸包括：《四明日报》《时事公报》《宁波民国日报》(时事公报副刊)《五味架》《宁波时报》《宁波闲话》《宁波日报》《上海宁波日报》《市情日刊1》《宁波大报》《市情日刊2》《新慈溪报》《宁波商报》《商情日报》《镇海报》《慈溪日报》等近二十家，种类的多样加之此前的发展，让广告进入到深入化发展阶段。

第一节 新闻业的价值与报纸的多元化发展

此时，中国的报业虽然依旧落后，但对报业（新闻业）的强大作用已有充分的认知。1931年《宁波时报》发刊词中说道："二十世纪以来，国际间之报业竞争，已日趋剧烈，中国为报业落后之国，数十年来，一任外人□□垄断，国际间之声誉已丧失无遗。……诚以报业握有社会之总枢纽……"[1]。"握有社会之总枢纽"的评价可以说并不为过。"新闻纸是近代文明中势力最雄厚的东西，他的力量，能维持政府，也能倾覆政府；能促进外交，也能破坏外交；能造成一人之名誉事业，也能破坏一人之名誉事业；其关系于国家社会之大，已为一般人所公认了。……新闻纸出来，至少要负起两重使命：（一）积极的要指导民众；（二）消极的要减少社会罪恶。"[2]于国家、社会、个人，新

---

[1] 张瑞玉，发刊词（二），宁波时报，1931-04-01，第三版.
[2] 陈伯昂，发刊词（一），宁波时报，1931-04-01，第三版.

闻的价值已获得公认。另外在这一期的创刊号上,还有如"民之喉舌""开通民智,首重宣传"的题词,也反映了报业基于民众、服务于民众的立场和态度。

在国难当头的危急时刻,新闻业把救国的使命作为自己第一要务。《时事公报》就是因这一目标而诞生的。1938年,《时事公报》创刊18周年,6月1日出版的18周年纪念增刊中,这一使命再次得以强调。"这报纸是根据于救国运动的需要而产生的。如今谈时事公报发起经过的,总离不了救国十人团的故事。时事公报与当时的救国十人团,实有极深切的关系。救国十人团的活动,早已成了往绩,但老居宁波的,提起时事公报,便容易记起那个青年人的爱国组织和他那火一样热烈的爱国活动。十八年来,这报纸始终没有忘记他过去的历史,怠忽他救国的使命。他一直在救国的目标下努力着,他一直照着为救国贡献一切的愿望尽他新闻事业一份子的责任。"①同一天《时事公报》中有《战时新闻纸的使命》一文,说明了特殊时期新闻纸的重大责任。"处国难严重的今日,新闻纸所负的文化使命,与浴血抗战的将士们所负守土杀敌的责任,一样地重大。尤其是国防前线的宁波的新闻纸,其所负的使命,比之其他后方的新闻纸,更为重大。……现阶段是我们民族抗战最严重的阶段。而且现代的战争,谁都晓得不限于以牙还牙、以眼还眼的武力战争,是要于武力之外,注重于思想战、经济战、政治战三途。例如民族意识的提高,人力物力的动员,既定国策的贯彻,均需新闻纸来辅助政教号令,做推动发扬的工具。"②1938年4月6日《时事公报》上刊登了《文化界人怎样参战?》一文,更是把参战救国作为整个文化界人士的责任,"譬如关于战时的宣传,战时的民众教育,民族精神的发扬,礼义廉耻的提倡等都是文化教育界本身必须负荷的责任。……言论、出版、结社、著译、研究以抗战为中心;文艺、音乐、美术、电影、戏剧必须以国防、抗战、发扬民族精神、巩固后方力量为题材;协助政府宣传各种政策,推行各种法令。"③

此时的新闻业是以报纸为主要媒介的,但兴起不久的广播也同样被应

---

①　子钦.十八周纪念献辞.时事公报.1938-06-01.第一版.

②　陈德法.战时新闻纸的使命.时事公报.1938-06-01.第三版.

③　健白.文化界人怎样参战?.时事公报1938-04-06.第二版.

用于战时宣传。1938年10月3日刊登在《时事公报》上的《宁防政治部播音宣传》充分说明了这一点。"宁波防守司令部政治部,兹为扩大战时宣传期间,已定于每星期一晚间六时半至七时,假本埠四明电台举行播音演讲,内容分:国内战事报告、国际时事概述、民众动员指示、专题演讲等项。"①

当一个区域同时存在多种报纸的时候,由于创办者、创办初衷、创办目的的不同,报纸也会显现出差异。1933年8月15日《上海宁波日报》在《宣言》中写出了创办的缘由及宗旨,"盖甬人者,乃都市之主要成分也。试以沪海一隅而言,则吾甬人已占此三分之一;他若平津粤汉,吾甬人莫不麇集聚居,而绾此全市之枢纽焉。虽然,吾甬人之在客地,其重要既若是,顾自来未尝有报纸之组织……"②正是因为这样,会有很多的不便及问题,所以创办了这份报纸。同时《宣言》把报纸的创办宗旨概括为四项:一曰报告宁波七邑新闻,二曰沟通旅外同乡消息,三曰主持社会公正舆论,四曰灌输地方自治之智识。而针对当时时局危急,报纸"舍大为小",张静庐在《发刊辞》中是这样说的:"本报就是一个纯粹的地方报纸,在这里,我们不谈国家政治,也不谈世界大事,……我们的努力,虽然是偏于地方性的,但一切的工作都应该从地方做起。……可知努力于地方工作,不仅不能斥之为封建宗法思想,而且是一切救国工作中最主要的最基本的任务。我们不敢专尚空谈,不敢侈谈大局,我们只努力于地方的工作,就因为它是一切工作的起点。"③《上海宁波日报》创刊第一期就包含副刊,名为《小宁波》,《小宁波》宣称不刊登大文豪的不朽名作,欢迎小作家稿件。《小宁波》包括谈话、一日一人、宁波山水、小品等方面的内容。其中,"一日一人"是"专门介绍我们的宁波七邑人物的人物志,所谓人物并不限于达官显宦、名儒富绅之类,凡挟一技之长,而有功地方,有益人群的,都介绍。"④但对于小品,"并不存有侧重乡土的成见,因为文艺这个东西,还是打破畛域的好。"⑤从中不难看出,办报的思路清晰,目标明确。当多种报纸同时存在的时候,报纸显现出多元化与差异化发展的

---

① 宁防政治部播音宣传,时事公报,1938-10-03,第四版.
② 宣言,上海宁波日报,1933-08-15,第一版.
③ 张静庐,发刊辞,上海宁波日报,1933-08-15,第一版.
④ 霭麓,开场白,上海宁波日报,1933-08-15,第五版.
⑤ 霭麓,开场白,上海宁波日报,1933-08-15,第五版.

趋向。

第二节　广告的深入化发展

除公告和声明性质使用"通告""启事"外,其余均使用"广告"一词,成为各行业商业宣传固定化的称谓。

一、对广告价值的认知

随着经济的发展,一些比较昂贵的商品,如相机、收音机等在广告中逐渐出现,季节性强的时令性产品也越来越多,如果子露、啤酒、棒冰、电风扇、花露水、蚊香等,天气转热,广告数量随之增加,因为季节的更替进行的促销性活动也增多。每逢七月份,报纸上的招生、招考广告就有增加。报纸的新年增刊版面很多,大部分都是广告,以企业、个人恭贺类广告为主,也有企业大手笔地发布整版图文并茂的恭贺类广告。

1936 年 9 月 1 日《鄞县商业日报》上刊登了署名为荫庭的《广告的价值》[①]一文:

广告的价值,大多数商人还是抱着怀疑的态度,以为一做了广告,以后营业不见得十分增加,反而对于物品的成本上,增加了一笔广告费。同一货物,卖价上是比较没有做过广告的铺子来得高,利益也减少了。譬如一双丝袜,卖价是五角五分,甲店做过广告的,每双加上了一二分的广告费,乙店没有做过广告的,进价或成本,也是五角,当然用不着加上广告费。乙店的卖价也是五角五分。那么,一样的卖价,乙店的利益,是比较甲店的利益可以多得一些,这样一来,好像做了广告,徒然虚掷了一笔款子。这种的说头,并不能说他是没有根据的。但是这不过是一种表面的理想,并没有想到广告的全部分的价值。用香烟来讲,某种牌子,是做了广告的,像和千万人对面的说,"我们公司里有一种牌子,卖价是这一个数目",广告了以后,购买力就立刻增长起来。另外一种牌子,它不曾做过广告,购买力当然是比较远逊

---

① 荫庭,广告的价值,鄞县商业日报,1936-09-01,第二版.

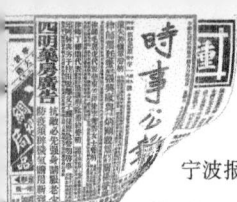

了。买一包月饼,店员包好以后,加上一张招纸,招纸就是广告,买主拿了以后,这一张小小的招纸,不晓得要落到多少人的眼睛,因了这一张招纸,便会引起了许多人向你店铺来购买。设使你包了月饼以后,不加上这一张招纸,似乎可以省却了这一张招纸的成本,那就不信了,我们从这两点看来,利用广告,实在是一种薄利多卖的计策。薄利多卖是比较少卖厚利来得丰收。但是,做广告要值时,要用得法,要随时改良,要使人注意,营业的增进,可以指日而待了。

文章针对广告抱有怀疑态度的商人,用举例的方式,形象说明了广告传播范围广,受众人数多,薄利多销,去除广告费,比不做广告、没有广告费支出、厚利少卖的还是要赚钱。作者还解释了这种怀疑态度的来源,产品增加了广告费,也就是增加了成本,同样的产品同样的卖价,和没有做过广告的产品相比,卖出一个产品看上去赚得确实少了,但做广告与不做广告的购买力相差悬殊,这才能保证更高的获利。文中还提到了另一种广告形式——"招纸",也就是消费者购买的商品所附带的宣传纸,同样是广告,能够让更多的人注意到商品。当然,作者还是很客观地在文章最后说明了,并非做了广告就一定物有所值,广告要方法得当,要不断改进,要让人注意到,这样才能达到广告的目的,文章对广告价值的认知比较客观,也比较到位。

二、类型多样的广告

此时的广告,从媒介角度看,有报纸广告、电台广告、户外广告、直邮广告、售点广告等形式。报纸和广播广告都出现了栏目冠名的方式,报纸中也有了分类广告。

1936年3月1日《镇海报》上刊登了一则焕达广告代勤社的广告,广告以"焕达广告代勤社,一分精神一分财"为题,具体写明了广告社所代理的业务:"代拟新颖广告方法、代撰各种广告文稿、代绘美术广告图案、代刊上海各报广告、代放电台播音广告、代办墙头油漆广告、代制灯片霓虹广告、代发传单信件广告、代摆商品窗饰广告、代定廉价赠品计划。"这其中提及的包括报纸广告、电台广告、户外广告、直邮广告、售点广告等形式,同时还代刊登上海各报的广告。广告还说明了做广告并不是一件容易的事情,"广告的地位如何经济,广告的文字如何组排,广告的图案如何醒目,广告的经费如何支配,广告的方法如何计划,都是很费脑力工作,粗滥马虎无济于事。"提到广告的刊登位置、文案与图、经费的支配、方法的谋划等,可见,当时对广告已有一定的科学化的认识。广告还强调了自己的优势"聘有设计专家、美术顾问、图案画师,所费有限,收效无穷,如承赐顾,价格从廉。"这则广告社自身的宣传广告从侧面反映了当时广告的发展情况,不但有多种媒介类型的广告,而且从创意设计到投放都是有计划、策略和方法的。当然,通常广告公司能够提供的服务是超越当时社会广告平均水平的,所以并不等于当时的广告都能达到作品所描述的程度,但毫无疑问,广告一直处于探索和发展中。

图 5 - 1　焕达广告代勤社广告①

1933 年 8 月 15 日《上海宁波日报》第五版中刊登了《分类刊例》,具体内容如下:(一)此处小广告分甲乙两种,甲种以新五号字每行十二字五行为限,乙种十行为限;(二)小广告刊费,甲种一日五角三天一元,七天二元,乙种刊费倍之;(三)小广告每则均分门别类,如系吾甬公司、机关、商店、学校、招请职员及吾甬失业同乡有一技之长待人聘用者,概不受费。② 这里的"小广告"也就是我们现在所谓的报纸分类广告,广告分门别类地刊登,版面小,

① 焕达广告代勤社广告,镇海报,1936 - 03 - 01,第一版.
② 分类刊例,上海宁波日报,1933 - 08 - 15,第五版.

纯文字,方便有相关需求的人集中看到一类信息,于广告主而言,是一种比较经济实惠的广告类型。从这个《分类刊例》中还能看出《上海宁波日报》对宁波当地发展的支持,本地招聘及求职分类广告免费,也符合报纸所确定的创办宗旨。

1935年12月31日《宁波民国日报》第三版最下方右侧(宽度约占版面三分之二)有边线框住的独立一栏,标题是"大盛烟公司""特开诗谜栏以增阅报诸君兴趣",有本期题目、上期答案、获奖者及香烟奖品。根据具体内容,详细的规章在报纸其他期登载,数据库中没有这些登载详细信息的报纸,但从基本形式看,类似现在的冠名赞助专栏,为读者提供了感兴趣的内容,又和其他广告不在同一版面,很容易赢得消费者的好感。

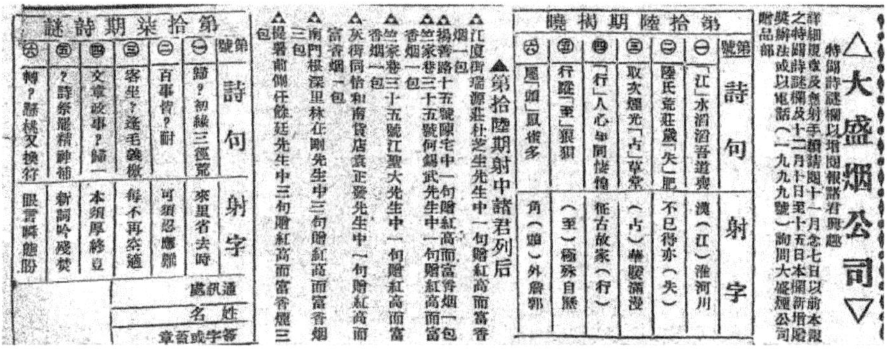

图 5-2　大盛烟公司专栏①

1936年3月1日《时事公报》刊登了电话号簿招登广告:"敝公司号簿行将付印,凡欲登载广告及欲新装电话者,希向敝公司营业股接洽"②,这种广告类似我们后来所谓的"黄页广告"。

1931年6月22日《时事公报》刊登了《广播台增播商店》的信息,"浙江省广播无线电台,自前年开办以来,对广播事务,日求精益。最近为发展国产之销路,以谋求商业之发达,仿照欧美先例,增播商业广告。闻已呈奉建设核准,不日即行开始播送。"③虽是有关浙江省广播无线电台的,但是广播

---

① 大盛烟公司专栏,宁波民国日报,1935-12-31,第一张第三版.
② 电话号簿招登广告,时事公报,1936-03-01,第一张第一版.
③ 广播台增播商店,时事公报,1931-06-22,第二张第三版.

广告指日可待，由此即可见。

1938年11月28日《时事公报》第一版上海容光工业社的广告中有"本社今天起各大电台播送特别节目"，电台包括大陆电台、华兴电台、宁波四明电台、大来电台，节目主要是曲艺类。1939年2月2日《时事公报》第一版上海五洲固本皂广告为纯文字，内容是固本肥皂特请徐凤仙、胡艳芳二女士借座四明广播电台播唱越剧《后部玉蜻蜓》，这种方式也就是当下我们所谓的"特约播出"，与报纸上的企业冠名特设专栏类似，都是随着媒介和广告的发展而出现的新形式。

三、广告知识的宣传与广告管理

报纸上的广告作品让全社会认识到广告的作用、广告的样貌，也相应地等于在社会普及了广告的知识，而一些有关广告的文章，则从专业的角度普及了广告知识。

《时事公报》的"法律顾问"一栏刊登过《登载广告之法律常识》①一文，内容如下：

社会进化，人事复杂，不能脱离社会而独立。于是有对外之事发生，对外事件，有以口头声明者，有以文字声明者。在昔风俗淳朴，一言之出，其证力无异文字。近则世风浇薄，法尚证据，片纸只字，胜过千言万语，故欲求法律上有证明之效力者，非文字不为功。登载报上广告，亦文字重要证件之一也。

报纸上之广告，大多为推广营业及声明启事两种。营业广告，其用意全在乎推广销路而已。若声明启事，则如商业之推召、财产之买卖、婚姻之结合与离异，契据之成立与遗失，以及其他关于一切权利义务之事项，法律上必须经登报公告手续之规定者，其用意盖在使共同关系人周知尽晓也。营业广告，其目的固在使人共知，则货物可以推销，而有关法律上之启事声明，亦何独不然，就广告二字之命名，盖可知矣。

然则关于声明启事，刊登何种报纸，而始生法律上之效力乎，此种疑问，在一般人皆□欲明瞭者，依法言之，凡合乎出版法、经中央宣传部及内政部

---

① 王守常，登载广告之法律常识，时事公报，1933-03-28，第三张第二版.

登记,给有登记证明文件之报纸,皆有法律上证明之效力。未经登记之报纸,依法不得出。换言之,凡已出版之报纸,皆经过依法登记手续,即同受政府之保护,刊载广告,一律有效。至报纸销数多寡,广告效力因之有巨细之分,是在刊登广告者自择,不在本问题讨论之内矣。

作者指出,报纸广告分为营业广告与声明启事,相当于我们现在所说的商业广告和社会广告。声明启事只要刊登在经过合法登记出版的报纸上,就能作为法律上的证明,与报纸发行数量的多少没有关系。《时事公报》上出现的"欲求法律上有证明效力,请登本报广告",也就是指的这类声明启事性质的公告。

1935 年 4 月 7 日《时事公报》上刊登了《电杆上禁止张贴广告标语》的信息,由于电杆上任意张贴广告标语,数量很多,使得电杆编号模糊,也影响市容,为此,要进行相应的整饬。"宁波公安局,据本埠永耀电力公司呈称,窃查城厢各区所植电杆,每有一般商店或其他处所,任意张贴广告标语,此去彼来,习以为常。以致各电杆上,标语满目,广告分陈,是不独对于电杆及路灯编号易致模糊,而于市容观瞻,所关尤巨。公司有鉴于此,碍难坐视,兹为整饬起见,拟将新植各电杆,一概加以油漆,无如贴有该标语广告之处,已感工作不便……况钧局已早有清壁运动之举,而于张贴公告广告处所,亦曾经划定相应地点,……嗣后如有商店或民众,前来张贴广告或标语等物,务须立即制止,一面妥为指导令其贴于指定场所,各该管分局所境内,如再有广告场所以外,发现随地乱贴之广告或标语,定行严加议处,以为玩视功令办理不力者戒。"[①]现在我们所谓的"城市牛皮癣",即随意张贴的不规范的小广告,这时就已经出现。"而于张贴公告广告处所,亦曾经划定相应地点",有专门张贴公告和广告的地方,对广告有了管理,广告也在管理中逐渐走向规范。

第三节　注重实效的促销广告

如果说之前十年间广告在形式上做了较多的探索,那么这个十年,广告

---

① 电杆上禁止张贴广告标语,时事公报,1935－04－07,第二张第二版.

则更偏重于实际效果,形式上的创新有限,多数延续从前。

竞争使促销成为常态是这一阶段广告显著的特征,很多广告都有各种促销方式或是与价格便宜相关的信息。

一、促销广告数量多,竞争激烈

以《商情日报》1936年12月31日所刊登的广告为例,这一天的广告在报纸全部版面中约占一半,极个别中缝信息广告不全及占很小版面比例的启事和影剧类信息除外,共有广告37则。这其中,有19则广告是以促销为主旨的,有明确促销信息,如促销时间、促销缘由、促销方式等,占全部广告50%以上。有9则广告提及价格优惠,但并无明确时间和方式,占比接近25%。还有9则广告无关价格和优惠,约占25%。有促销及与优惠相关信息的广告占全部广告的四分之三。

表5-1 《商情日报》1936年12月31日促销广告

序号	企业名	促销缘由	促销方式
《商情日报》1936年12月31日促销广告一览表			
1	大纶绸缎局	新厦落成、庆祝元旦	优惠
2	宝华绸缎局	新品上市	特价商品
3	永顺南货号	正式开幕	优惠+赠品
4	新源记百货店	新屋落成	优惠+牺牲部
5	新宝华	新品上市	特价商品
6	天宝绸缎局	无(贱卖出名,全甬震骇)	低价
7	凤苞绸缎局	新厦落成,开幕	优惠
8	葆元参号	纪念创参业新纪录	优惠+赠品
9	福和南货号	重新开幕	优惠+赠品
10	元丰参号	廿周纪念	优惠
11	哥尔登首饰行	新屋落成	折扣+服务
12	华盛顿钟表行	新厦落成	优惠+赠品+服务
13	乾泰米行	笼统(社会、食客需要)	平价
14	泰山堂国药店	不满市井欺骗	折扣+服务

(续表)

序号	企业名	促销原由	促销方式
	《商情日报》1936年12月31日促销广告一览表		
15	老大来南货店	无	折扣
16	良友鞋店	无	优惠
17	信源木行	无	优惠
18	立愈白浊丸	优待顾客	凭报买一送一
19	老凤祥银楼	无	优惠＋礼券

　　促销广告中，天宝绸缎局号称"贱卖出名，全甬震骇"，再结合以往的广告，不难发现低价是其一贯的销售策略。哥尔登首饰行和华盛顿钟表行属于奢侈品行业，"永久保用"是能够让消费者放心购买的服务性促销方式。泰山堂国药号除了折扣的促销外，还提供免费接方送药和代客煎药服务，"电话接方送药，远近不取分文；代客白炭煎药，每帖炭资誓如实五分"，还在广告中以发"毒誓"的方式宣称"若欺骗行为，子孙永远不昌"，竞争的激烈程度由此即可见。

　　无明确促销信息，但提及优惠的有9则：大中机制砖瓦厂、同心鞋店、维新鞋店、三阳南货号、味稚经济茶点室、源康绸缎局、维大号、善祥永记药行、舒其昌帽庄等，广告中出现类似价格克己、价格低廉的字样，也有与其他同类商品比价的信息。

　　与促销和价格无关的有9则，包括烂耳内药、来苏草、云裳洗染制帽商店、永兴理发所、大医士诊所、新中华京沪菜社、寿母牌上等丝袜、顺昌阳伞、达明制糖厂等。

　　不仅从数量上看，促销广告居多，而且促销战的激烈也是随处可见。1936年3月1日《镇海报》刊登的宏兴药房鹧鸪菜广告中称"凡向本经理处购鹧鸪菜二盒者得赠送时装美女画片一幅，多购类推，赠完截止"[1]，赠品合适与否暂且不论，一般医药类促销所用赠品以本产品居多，医疗类减免挂号费等也比较常见，而时装美女画片作为赠品，从侧面反映出竞争的激烈，赠

---

① 宏兴药房鹧鸪菜广告，镇海报，1936-03-01，第三版.

品不得不求新求奇,这从广告中特别以方框突出显示的"特种赠品"四个字中就不难看出。1936 年 5 月 26 日《宁波民国日报》上刊登的两家绸缎局的广告,华华绸缎局宣称"硬碰评比,勿值还钱""开宁波未有之先声,破同业奋斗之记录""放尺加五",大纶绸缎局则说"实事求是,照原码加三放尺""决不抬高价格""揭穿虚伪号召,打破明放尺暗加价的烟幕",商场如战场,非常浓的火药味道。1936 年 10 月 8 日《镇海报》三旗牌香烟一共提供了多达十三种赠品,空壳数量从 1 到 60,赠品都是日常用品,非常实用:"一只空壳掉换本牌香烟二枝或福建筷一双、二只掉换小圆镜一面、三只掉换美丽牌自来火二盒、五只掉换玻璃杯一只、七只掉换蓝边饭碗一只、九只掉换五洲大号固本肥皂一块、十只掉换大号麻纱手帕一条、十四只掉换张小泉剪刀一把或大号电木碗一只、十六只掉换大毛巾一条、二十只掉换电木弹簧煌盒一只或江西中药茶壶一把、三十只掉换橡皮旅行鞋一双、四十只掉换三四寸搪瓷面盆一只、六十只掉换二磅热水瓶一只。"[1]其中美丽牌自来火、五洲固本肥皂、张小泉剪刀这些明确提及品牌的赠品,更容易增加消费者的获益感。

　　1935 年 12 月 31 日《宁波民国日报》刊登的天福绸缎局广告中,我们可以看到同时采用了减价、赠品、特价商品、抽奖这四种促销方式,广告所占版面大,促销信息醒目,整体很有视觉冲击力,类似的广告在这一阶段为数不少。

图 5-3　天福绸缎局广告[2]

---

① 三旗牌香烟广告,镇海报,1936 - 10 - 08,第三版.
② 天福绸缎局广告,宁波民国日报,1935 - 12 - 31,第一张第四版.

二、促销方式多样化

促销方式包括折扣、特价商品这样的降低价格的优惠方式,也有赠品、免费样品、抽奖等促销方式,越来越多样。促销经常会给出一个缘由,如开业、复业、搬迁;节假日;季节更替;纪念或庆贺;新品上市等,也有仅为优待或感谢顾客这样比较笼统的,无缘由也占一定比例。促销因为提供一个激励性的因素,使得人们购买行为能够立刻发生或者大量购买。

(一)折扣促销

折扣有直接打折的方式,也有在广告中提供折扣券作为凭证的方式;还有提供多个折扣档,达到不同金额折扣力度不同,消费金额越高,折扣力度越大。

(二)均一价

1935年12月31日刊登在《上海宁波日报》上的天胜照相行广告,最上方写着"每种一元",右侧用大字号写着"无论何种照相? 没有这样便宜!"大的问号和感叹号,很有力量。具体内容是:"本行最近发行特价照相三种,每种定价一元,且每种均拍不同样底片二张,任凭选择",之后列出可选择的具体种类,三大类中也还有小类供选择。这样多种商品同样价格的方式称为"均一价",均一价从本质上看也属于折扣,但在价格优惠的基础上又有所发展,为消费者提供多种选择,也相当于企业多种商品联合起来进行促销,均一价如今多用于清仓活动中,是最易让消费者感觉到优惠力度大的促销方式之一。

图5-4 天胜照相行广告① 　　图5-5 七七饮冰室广告②

①　天胜照相行广告,宁波民国日报,1935-12-31,第一张第四版.
②　七七饮冰室广告,时事公报,1938-08-31,第一版.

1938年8月31日正逢七夕节,七七饮冰室推出了七种七巧冷食,每种售价七分七,只限七夕一天,节日、饮冰室名、冷食名、冷食种类、电话号、售价都是"七",非常巧妙,让人过目难忘,完全不会有如今均一价就是滞销商品清仓的廉价感觉。饮冰室同时还提供电话送货服务。

（三）赠品促销

赠品多样化,有随商品或服务直接赠送的,如赠品与原商品相同的"买一赠一",包装中直接含赠品,也有些是直接含现金作为赠品。还有消费完毕以空包装兑换赠品的方式,即"集物换赠",能够让消费者持续多次消费同一商品。不同数量的包装兑换不同价位的赠品,数量越多,赠品越贵,档次多达十几种,很多赠品明确写出品牌名,是我们经常在广告中看到的有一定知名度的赠品。后来这种方式演变为积分兑换赠品的方式。

（四）赠品＋抽奖促销

还有赠品与抽奖相结合的方式,如槟榔香烟除了多档空壳兑换赠品外,包装内还有字券:（一）每包内附有槟榔香烟字券,每字分为四张,如拼成槟榔牌香烟五字一全套者可换足赤金手镯一副,值洋一百元;（二）每包烟内所附奖券如拼成槟榔香烟四字中任何一字,可换航空奖券一条,有得五万元之希望。[1]

（五）样品试用促销

样品试用在当时也非常盛行,广告中含样品券,写好住址和姓名寄出即可获得,试用是一种非常有效的让消费者了解和接受产品的方式。

（六）服务促销

商品或服务提供的附加性服务我们称其为服务促销,可以有效降低消费者购买时候的顾虑。如鞋服商品承诺的包退换,中药店常用的上门接方、代客煎药送药等,还有如比较昂贵的首饰、手表、收音机有保用时间的承诺,收音机的维修同样有;棒冰这样易化的商品购买达一定数量提供专车送货服务,并且不收送货费;比较沉的煤球,购买达一定重量免费送货上门。服务行业也把服务的效率和效果作为重要的吸引顾客的卖点,如洗染店提供电话接送服务,立叫立到是对速度的承诺;照相馆提供快速照相服务,几小

---

[1]　槟榔牌香烟广告,上海宁波日报,1933-12-31,第一张第三版.

时可取;烫发店保证效果持续的月份数;理发店在宣传设备与服务的时候,对装修、环境、座椅等一并予以强调。无论是商品的购买还是服务的提供,都以更便利消费者、激励其购买为宗旨。

（七）联合促销

1936年6月—7月间,位于宁波东大街的七大绸缎局联合起来促销,推出夏季大减价活动,包括云章、源康、大昌、余丰祥、大纶、凤苞、华章,放尺加六且不加价。这种方式我们称为联合促销,同行业在竞争的同时,也有合作,联合起来活动规模大,影响力强,也能避免恶性价格战对各家的伤害。联合促销的广告当时刊登在《时事公报》《镇海报》《市情日刊1》《商情日报》等报纸上,在《镇海报》上登载的广告占据版面近三分之一的面积,在《商情日报》头版报头旁边刊登的此促销广告面积超过版面的三分之一,非常醒目。同时,为了在炎热的夏季便利消费者,营业时间延长至晚上八点。

三、反对促销,"唱反调"也只是一种策略

在多数广告都使用各种促销方式,推出价格不等、名目繁多的各式赠品的同时,也有企业在广告中明确举起反对促销和赠品的大旗。这样的广告都有直接针对竞争对手、与竞争对手相比较的针锋相对性。如刊登在1935年3月9日《新慈溪报》上的回生堂药店在广告中以较大字号突出了"现购记账一律实洋,朔望市日概不折扣"[1]的信息。这并不是医药类广告第一次出现类似信息,由于行业的特殊性,医药类产品和服务的促销相比其他行业是比较少的。1935年3月9日刊登在《新慈溪报》上的宁波北京鞋店开幕纪念广告宣称:"拆穿假面具,打倒赠品家,价钿最公道,鞋子比别好"[2],虽然这样的比较有些自说自话,但直接针对了当时以赠品为号召的诸多商家。

1934年2月28日刊登在《时事公报》上的皇后牌香烟,在广告中说明自己的立场:"吸烟讲烟味,勿以赠品为号召,智者求实际,莫被虚伪而受愚"[3],广告指出产品本身的好味道才是最重要的,是消费者最应关注的,而不是赠品。当然,广告中还有另一个信息"请保存空壳作将来游艺助兴",虽然并不

---

①　回生堂药店广告,新慈溪报,1935-03-09,第三版.

②　宁波北京鞋店开幕纪念广告,新慈溪报,1935-03-09,第四版.

③　皇后牌香烟广告,时事公报,1934-02-28,第二张第二版.

能确定将来的游艺是怎样的方式,但也应该是激励消费者购买的一个因素,只是相对时间线比较长,不是立即产生结果。

图 5-6　皇后牌香烟广告　　　　图 5-7　金斧牌香烟广告

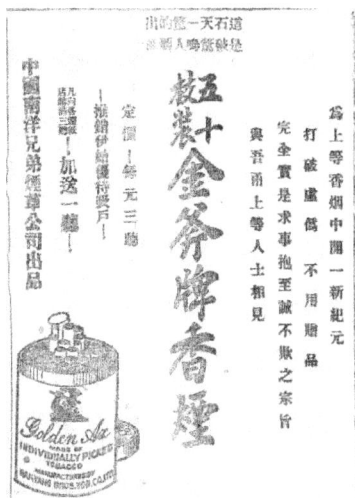

刊登在 1932 年 8 月 5 日《时事公报》上的金斧牌香烟广告中说:"为上等香烟中开一新纪元;打破虚伪,不用赠品,完全实事求是,抱至诚不欺之宗旨与吾甬上等人士相见"①,这里"为上等香烟中开一新纪元"也说明了当时赠品促销是香烟普遍使用的促销策略。但是,明确反对赠品促销的这则广告实际还是包含促销信息的,"推销伊始优待吸户:凡向各烟纸店购满三听,加送一听"。所以,反对促销仍然可以视为一种销售手段,在强调自己比对手更实在的同时,也显得与众不同。

第四节　广告策略的发展

广告越来越明显地体现出与社会政治、经济、文化、思想等方方面面的互动与互构,通过广告作品,可以清晰触摸到几十年、上百年前时代的脉搏。

---

①　金斧牌香烟广告,时事公报,1932-08-05,第四版.

一、广告的时空印记

与之前的十年相同,报纸及广告和时局的变动紧密相连,记录时局危急、表达报纸及企业立场的相关信息经常可见。1934年12月5日《宁波大报》上写着"攘外必先安内,安内必先剿匪"。1938年4月3日《宁波商报》报头下方写有"我们要沉毅、坚定,胜固不骄,败亦不馁"的宣言。为支持淞沪抗战,《时事公报》曾在1932年1月26日至4月2日第一版连续刊登慰劳前线将士的广告:前线将士,喋血拼命,为谁牺牲? 后方同胞,安居乐业,受谁之赐? 恳求同胞,眼光放远,良心放平,有钱捐钱,有物助物,快来慰劳我为国牺牲诸将士![1]

1934年12月5日《宁波大报》上刊载有鄞县国货卷烟维持会宣传部的宣传:吸国货香烟,可以表示爱国精神。1931年12月17日《时事公报》上宁波国货卷烟维持会的宣传配图非常复杂,表面看上去似乎风平浪静,平静之下却是危机四伏。文案:吸外国香烟,助长帝国主义对我国经济侵略,是我们自寻死路;吸国产香烟,挽救国家贫弱,解决人民生活问题,是一条生路,然则我们向左走乎? 向右走乎? 左边指向国货的是"富强之路",右边指向外货的是"沉沦之渊",寓意深刻,发人深思。

图5-8　宁波国货卷烟维持会广告[2]

---

① 周军,"国民喉舌"和"民众先导"——民国时期《时事公报》研究,浙江大学硕士学位论文,2007年,第40页.

② 宁波国货卷烟维持会广告,时事公报,1931-12-17,第四版.

　　1938年8月13日《宁波商报·八一三纪念特刊》第六版上的三羊牌干电池的广告中写有:沉痛纪念"八一三",永远忽忘"奇耻辱",能多用一些中华国货,即增强一些抗战力量。报纸的特刊和企业的商业广告共同记录了时局。1933年2月12日《时事公报》第一张第四版大联珠国货香烟广告中写有:一波未平一波又起,风雨同舟,其势危矣。维持大局,全赖民气,提倡国货,事乃有济……配图有风浪中飘摇的船,旁边写有"狂风巨浪,触目惊心",产品则仅有图和名,无论图还是文案,描写局势危急的部分都多于产品。

　　较之很多商品广告中仅强调国货、国产、国人,刊登在1938年4月3日《宁波商报》的工商牌电池广告就显得尤其特别了,广告中出具了"上海市商会证明书",以证明自己确实是"完全国货"。"为证明事查本市工商电池厂出品之工商牌电池,现在行销于浙省宁波地方,该厂系属国人出资创办,为本市电器制造业同业公会会员,该厂出品早经实业部注册在案,行销有年,确系国货",广告中还有上海市商会主席、常务等人的签名。广告刊登在头版报头左侧,面积很大,非常醒目。

图5-9　工商牌电池广告①　　　　　图5-10　天胜照相行广告②

①　工商牌电池广告告,宁波商报,1938-04-01,第一版.
②　天胜照相行广告,时事公报,1936-06-27,第三张第二版.

1936年6月27-29日,天胜照相行在《时事公报》上连续刊登了宁波天胜照相行敬祝灵桥落成典礼,赠送灵桥全图的广告,"本行为庆祝灵桥落成典礼起见,特于本月二十七日起至二十九日止,三天以内,凡向本行拍照满洋二元者,赠送六寸灵桥全图一张以作永久纪念,多拍多送,不足免赠,良机难得,幸勿坐失",同时"本行特摄灵桥全图多种,廉价发售,兹将种类列后,祈请采购"。为了便利消费者,天胜还设置了灵桥门恒大绸缎局、公园路青春书店、开明街民光大戏院三处代售处。同在一版的裕成绸布庄广告以夏季大减价为主题,也附带有庆祝灵桥落成典礼赠送裤料的促销信息。天胜照相馆与灵桥落成这个区域性大事件的结合是与自身服务密切相关的,并非仅表面借大事件的名义造势,值得其他企业学习。

此外,影剧、书籍等文化类广告增加,影剧广告版面也有扩大,更注重突出剧情、演员、剧目的吸引力,这也是社会发展在广告中的表征。戒烟戒毒的医药类广告也有一定数量,当然,与繁多且版面大的香烟广告相比,仍无法形成声势。

二、耀目的明星代言

20世纪二三十年代,力士就开始使用明星代言的广告策略,作为最早进入中国的国际品牌,力士把这一策略延续到了中国,同时也为其他商品提供了示范。现在,明星代言仍是我国广告领域频繁应用的有效策略。

1932年8月5日《时事公报》力士香皂广告中的明星是影星陈玉梅。广告写着"电影明星皆用力士香皂",配电影明星陈玉梅的照片,照片旁是陈玉梅推荐性的语言"力士香皂芳香去垢,为其他香皂所不及,予乐用之并愿为各界人士介绍 陈玉梅"[1],同时还提供赠券,可获得试用产品。明星的知名度能够有效提升产品的知名度,明星的光环效应也使得消费者把明星的光环投射到产品上,因此明星代言属于比较高效的广告策略。

陈玉梅的影响力,我们从1933年刊登在《上海宁波日报》上的两则消息即可见。一则是《陈玉梅的新装》,一则是《陈玉梅热心路政》:

---

① 力士香皂广告,时事公报,1932-08-05,第四版.

陈玉梅的新装①

陈玉梅过的是节俭的生活，所穿的衣服，也全是布料。在前几个月，她提倡一种短衣长裤的新装，天一女星叶秋心、王慧娟、陆丽霞、陈绮霞等，都跟着她穿起这种服装。现在天气转凉，陈女士又换了一套青色的土布短袖长旗袍，似乎更幽娴雅洁，而诸女星亦纷纷群□仿效起来。但她在《青春之火》中的新装，非常华丽，不过这是戏，和她实际生活，是无关的。

这则消息中不难看出著名影星对时尚的引领作用及示范效应。

陈玉梅热心路政②

中国三大女星之一的陈玉梅女士，素以俭约称于时。近道路建设协会主席叶恭绰、王正廷特函聘女士为银星队队长，陈就职后，即积极进行，现闻银星队业已组织就绪，聘请……胡蝶、阮玲玉……为名誉副队长……努力工作，把道路建设的意义，广播于电影界，使电影界中人和中华全国道路建设协会，发生了密切的关系。斯陈女士者，诚一热心路政的"银星"也。

除了陈玉梅外，著名影星胡蝶、阮玲玉也在列，20世纪30年代民光戏院、大光明戏院很多广告中都可见陈玉梅、胡蝶、阮玲玉主演的影片。影星的影响力辐射到社会很多领域，扩大了社会事务的影响力，颇类似现如今明星担任公益大使的做法。而电影并不仅仅是一种休闲娱乐，其社会意义也受到关注，"电影院……也可谓一种良好的社会教育。因为无论哪一部影片，编剧者都以社会的背景做出发点，再加上导演者的周密指导，演员认真的表演，处处暗示以现社会的种种黑幕，使大众有所警惕而猛省。"③

1933年7月26日《时事公报》力士香皂的广告④中写有"力士电影明星竞选，第三名陈玉梅，第四名王人美"，广告配有两人照片，从中不难看出，活动是力士发起的。"力士香皂既为好莱坞明星十九所使用，今中国明星十人中亦有九人用力士香皂"，这样的表述让商品有很强的吸引力，容易说服消费者，广告还提出"请学各大明星之美颜秘诀"的号召，同时强调产品定价低廉，人人都能购买，也有赠券提供。"1933年，由利华公司操办的电影女星评

---

① 陈玉梅的新装,上海宁波日报,1933-12-02,第三版.
② 陈玉梅热心路政,上海宁波日报,1933-12-06,第二版.
③ 吟云,从看电影说起,时事公报,1935-12-25,第三张第三版.
① 力士香皂广告,时事公报,1933-07-26,第二张第一版.

选活动盛况空前,胡蝶最终艺压群芳获得了第一名,阮玲玉屈居第二。人们随即看到了《申报》上的整版广告:10 颗五角星中镶嵌着 10 位获奖女星的玉照,引领她们的是一颗最大的星,星中是闪亮的力士香皂。不是吗? 星光四射,力士惊城。一个新的品牌一夜间改变了时尚的风向。"①借明星之势,再添光环,最终聚焦于商品,大手笔的推广让产品迅速成名。

1937 年 7 月 3 日《时事公报》第一张第二版上刊登有胡蝶擦面牙粉的广告,附有胡蝶的照片,文字是介绍产品特点。根据资料"《申报》中便有以'名副其实胡蝶牌擦面牙粉'为名的广告写道:'电影皇后胡蝶女士愿以其之芳名艳影作本擦面牙粉之商标足证此粉的确异乎寻常。'"②以影星名字命名商品,充分借助了明星的影响力,产品又是美容类,明星的号召力和说服力自然是最强的。

1935 年 3 月 9 日《新慈溪报》第四版刊登了无敌牌牙膏的广告,配女星黎琍琍(注:黎莉莉)的照片,写着"无敌牌牙膏是黎琍琍小姐密友,它使她牙齿皎洁",女星在照片中可谓嫣然一笑百媚生。

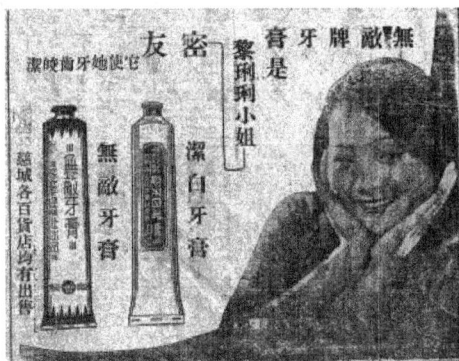

图 5 - 11 无敌牌牙膏广告③

这些明星代言的广告作品,记录了民国时期的时尚生活,她们的发型、妆容、服饰都是美的代表,此时广告中以明星为代表的多样化的女性形象,

---

① 由国庆,香皂明星,渤海早报数字报,2015 - 10 - 21,http://epaper.jwb.com.cn/bhzb/html/2015 - 10/21/content_24_3.htm.

② 良宵与残春,民国上海电影女明星的身体解读,社会科学文献出版社网站,2016 - 12 - 21,http://www.ssap.com.cn/c/2016 - 12 - 21/1048285.shtml.

③ 无敌牌牙膏广告,新慈溪报,1935 - 03 - 09,第四版.

成为广告中一道靓丽的风景，也让明星代言的强大价值为社会所认知。

第五节　创意设计的深化

一、细致入微与寓意深刻的图

此时的广告配图有两方面的发展，一是细腻，二是寓意深刻。

细腻的图能够清晰、形象地描绘出人的感觉，如痛、痒，借助肢体语言、表情，感受跃然纸上。如意膏广告中对皮肤发痒、耳疮、风疹患者的描绘就是如此，隔着报纸，观者几乎可以说是"感同身受"了。

图 5-12　如意膏广告局部①　　图 5-13　如意膏广告局部②　图 5-14　如意膏广告局部③

在韦廉士吸入止咳片的广告中，对人体肺部器官的描绘非常类似现在医院中的器官图，十分细腻，便于患者理解药发挥作用的原理、路径及药效，"各种灭菌之药水药丸药粉皆不能入呼吸器官……韦廉士吸入止咳片含在口中，缓缓融化，即发出爽适灭菌之治疗气体，入鼻道下咽□进气管而达于肺，杀其病菌同时止其痛痒，润其炎膜，化其积痰，降其逆气……"图加文，药品功效一目了然。

---

① 如意膏广告（局部），宁波民国日报，1937-05-12，第二张第二版.
② 如意膏广告（局部），宁波民国日报，1937-05-12，第二张第二版.
③ 如意膏广告（局部），宁波民国日报，1933-09-06，第三张第一版.

图 5-15　韦廉士吸入止咳片广告①

相比较描绘场景或人物感受的细致入微,寓意深刻的图是从整体上去感受,如老刀牌香烟广告中建筑与环境突出的气势,显示了品牌的强势;或者是利用某些元素本身的文化寓意,如兜安氏补神药片广告中,松树长青,代表长生不老,仙鹤有灵气,寓意吉祥,"松鹤延年"是极富美好寓意的中国吉祥图案,借以表达补神药片的功效。

图 5-16　老刀牌香烟广告②

图 5-17　兜安氏补神药片广告③

二、制造声势引发关注的文

如今为企业所普遍运用的事件营销、公关等方式,此时也已经被运用于

---

① 韦廉士吸入止咳片广告,宁波民国日报,1933-12-18,第三张第二版.
② 老刀牌香烟广告,宁波民国日报,1939-01-23,第一张第四版.
③ 兜安氏补神药片广告,宁波民国日报,1932-08-05,版面不详.

产品推广中。

上海华商新星药行为乐的能做了一则悬赏广告，金额是沪洋壹万元，标题中"壹万元"三个字非常大，很醒目。悬赏的起因是有人诋毁乐的能是日本制造。"名著世界白浊圣药乐的能乃完全根据德国最新处方创制，早为世人所共晓之事实，并曾经中国国民政府商标局注册有案，历蒙各国名医处方采用及病家购以自疗，药到病除神效无比，因此得诸世人之辗转流传，普及全球，销数日畅。以是有无耻之徒蓄意破坏、仿冒种种卑劣手段无所不用其极，近忽变本加厉更在平津沪港汉粤各埠宣称乐的能系属日本制造，淆乱视听，固早不值识者一笑即本行亦以非日货之事实俱在，雅不欲多事破白徒逐歹人阴谋，况值兹国难严重时期，设非真正丧心病狂又谁忍助纣为虐，敢冒天下之大不韪，是深恐各界以讹传讹致碍及乐的能盛誉事小，影响病家幸福是大，特自愿备足沪洋一万元，如有人能证明乐的能确属日本制造而持有真凭实据者，本行除甘受国人极严厉之处罚外，并立即酬给沪洋一万元贮款以待决不食言。"①广告先大肆夸奖自己的产品和销量，然后说明有无耻之徒破坏仿冒，最近更是在多个省份宣称药品是日本制造，国难当前，损害自身声誉事小，影响病人事大，因此重金悬赏能找到药品确实为日本制造的证据。广告证明了自己的国货身份，让不了解的消费者也知道了药品的来源及受欢迎程度，还有企业立足国家与消费者的态度，更有标题中壹万元的重金吸引眼球，无论诋毁之事是否属实，即使确实属"无中生有"，广告的目的也已经达到。

1934 年 12 月 7 日《时事公报》上刊登的影星牌香烟广告中没有产品，而是一则"事实证明"，标题为"吸影星牌香烟雇主江嘉岳君得五尺全铜床一张""影星牌香烟烟味之芬芳，赠品之丰富，早荷社会人士所欢迎，毋待敝公司赘述。兹有吸客在西门闸桥头永昌烟号购影星香烟一包，当众拆开，着五尺全铜床券一张，兹将得主列后。得主地址本埠鉴桥头小桥头内。"②这属于有奖促销的后续，提供了大奖得主的姓名和住地，而昂贵的大奖"五尺全铜床"才是重点，证明了促销和大奖的真实。购一盒香烟得五尺全铜床，这一

---

①　上海华商新星药行广告，时事公报，1932 - 08 - 05，第一张第一版．

②　影星牌香烟广告，时事公报，1934 - 12 - 07，第一张第四版．

信息也颇有"一石激起千层浪"的效果。

关于企业制造声势所宣称的缘由或事件本身，消费者无从考证，或者无时间和精力去求证，事件有吸引力，有轰动性，就能产生影响力。正如营销专家李海龙说的"事件行销愈演愈热，成为一种相当流行的行销手段，与广告和其他传播活动相比，事件行销能够以最快的速度，在最短的时间创造最大化的影响力。"[①]尽管当时并无事件行销的说法，造势也仅是报纸上发布广告形式的有影响力的事件信息，但快速产生最大影响的效果无疑是达到了事件行销的目的。

有些时候，造势仅仅是由于语言表达技巧就可以完成，比如，受到时局影响船停航，某药品原料中断，需要告知消费者此药暂时缺货，但标题并不用某药店某药缺货声明或启事，而是采用能够吸引眼球的表达。1938年6月9日《时事公报》第一版用整个版面最大号字写着"中央药房道歉"[②]，不明缘由的观者会认真去看其中的具体内容，"本药房经理双十老牌臭药水风行十余年，牌子最老，质地最好，确是防疫中第一杀菌良剂。现为非常时期，各轮奉令暂时停航，敝药房因此原料中断，本外埠纷纷电信叠来，以致不能照发，特此登报道歉。一俟复航，货到后再行声明。"之后还用稍大号字写着"夏令各种良药价目非常克己，电话购货非常迅速。"这其中一半以上的文字是赞扬自己销售的药品，道歉不假，但以道歉的名义再博关注才是核心。

自发造势之外，还可以借势造势。1931年4月1日《宁波时报》上的南洋兄弟烟草公司广告以大字号"梅兰芳到甬消息"为标题，乍一看很像是梅兰芳先生到宁波的消息，再细看正文："伶界大王梅兰芳君以其艺术高尚故受国内外人士一致欢迎，香烟大王梅兰芳香烟因选用上等烟叶精工制造，色香味均称烟中魁首，爱国诸君亦一致欢迎，现已装甬各烟纸号洋广货号均有出售"[③]，与梅兰芳先生并无关系，借名人之名命名商品，第一眼让人容易误解的标题显然是故意为之。

无论是自造声势还是借势造势，必须有兴奋点，制造兴奋点的方式通常

---

① 苏伟伦，造势——世界上最成功的事件行销案例，西苑出版社，2005年，封底.
② 中央药房道歉广告，时事公报，1938-06-09，第一张第一版.
③ 南洋兄弟烟草公司广告，宁波时报，1931-04-01，第二版.

是利用新近发生的"大"事件。大字之所以加引号，原因在于事件对于社会、国家甚至一个省份或城市而言算不上重大，但于消费者个人，至少是小概率事件。

此时还有一些广告文案的标题使用了相对容易博眼球的类似社会新闻标题的方式，如月里嫦娥牌灭蚊香广告"人无不知爱其亲"（《时事公报》，1933-07-26，第三张第二版）、韦廉士"君为人残暴乎仁慈乎"（《宁波民国日报》，1935-05-26，第一张第三版）、"两妇能愉快地同居一宅乎"（《宁波民国日报》，1937-05-12，版面不详）等，除博眼球外，看上去也有对社会问题的探讨，容易吸引阅读。当然，实则内容并非探讨社会问题，也无深刻和独到的见解，不过是通过此种方式引入产品。如韦廉士"君为人残暴乎仁慈乎""君必曰'我对任何事物都是仁慈，对父母、对子女、对朋友、对禽兽，乃至对仇敌，无不一以仁慈相待'，若然甚佳。不过亦有人虽然自命如此仁慈，而待其脏腑却较仇人尤酷。"①由做人到性情到商品，标题不过是一种铺垫。

图和文是报纸广告最基本的表现载体，无论是相辅相成还是仅有文字，都越来越注重如何突出重点，如何更好地呈现商品的优点、功效、用法等。哈兰士广告大大的"疮"字是产品针对的症状，阿墨林广告则以图呈现了产品如何使用，侧重点都非常醒目。

图 5-18　哈兰士广告②

图 5-19　阿墨林广告③

---

① 韦廉士广告，宁波民国日报，1935-05-26，第一张第三版.
② 哈兰士广告，时事公报，1933-07-26，第二张第二版.
③ 阿墨林广告，时事公报，1933-07-26，第三张第二版.

　　悬念广告是这一阶段广告创意的一个亮点。1938年6月11日《时事公报》第一版一则广告留白,仅写着"本埠将有避暑胜地出现,详细请看明日此处广告",同版面其他公告和广告内容都比较多,尤其是较之纯文字的公告,广告非常醒目。而且广告并不是单纯预告某企业开幕,"避暑胜地"的说法很能引人好奇。第二天此处刊登了又一村饮冰部开幕的广告,上面写着"避暑胜地来了",回应前一天的预告,中间一个大大的冰(注:同冰)字使用反白效果,下方是具体的产品和特点。铺垫引发好奇甚至是探讨,好奇带来持续关注,揭晓答案,观者可能还会对照自己的猜测。所以较之一般的广告,悬念的使用通常会带来更多的关注,尤其是持续时间稍长一些、多次铺垫制造悬念的方式。

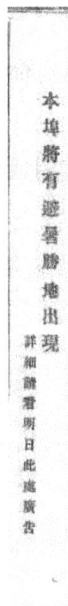

图5-20　又一村饮冰室预告广告①　　图5-21　又一村饮冰室广告②

---

①　又一村饮冰室预告广告,时事公报,1938-06-11,第一版.

②　又一村饮冰室广告,时事公报,1938-06-12,第一版.

第六章　1940—1949 年：徘徊中的广告

　　虽然就报业与广告整体而言并无明显进步，但也不能简单以退步来概括。此时报纸版面内容相应固定化，如 1948 年 1 月 12 日起,《宁波日报》版次如下：第一版（即封面）：启事、广告；第二版：社论、国内电讯；第三版：通讯、专载、国际电讯；第四版：商情；第五版：地方新闻、小言；第六版：星期一"七日文艺"，上半版：星期三四五六日五天"光波"，星期二"同学"；下半版：星期三五日三天"季候风"，星期二六两天"社会服务"，星期四"四明农村""慧日"轮流隔周刊出。① 半年后缩为四个版面，自 1948 年 7 月 1 日起《宁波日报》版次：第一版，国内重要政情、社论；第二版，国际新闻，东西南北；第三版，地方新闻、小言；第四版，商情、波光、社会服务（每逢二五刊出）②。

　　新闻业对新闻价值的认知也有发展，时局动荡严重的时候，新闻于社会，可谓须臾不可少离，所以尽管当时报业春节休息六天，但仍利用电台播报新闻，"新闻事业，不分昼夜，不论寒暑，终年为社会服务……我们小憩六天，与读者再见面之时，大局已面目全非。……社会如无新闻纸作正确报道，空穴来风之怪语将更易以讹传讹，不胫而走……本报将在此六天之中，假本埠宁声、宁波两电台，每天于上午十时报告国内外新闻……"③不同的报纸价值不同，如商报，"宁波是一个商埠，在商言商，当然需要有一份代表商民立场的报纸，以为商民喉舌。……当兹世事瞬息千变，经济波动剧烈之

---

① 本报扩充篇幅启事，宁波日报，1948-01-12，第一版.
② 《时事公报》《宁波日报》联合启事，宁波日报，1948-06-30，第一版.
③ 小别告读者，宁波日报，1949-01-27，第二版.

际,社会不可一日无商报……"①

对于广告类型与定价也有一定的细分化认知,如广告发展成熟的《时事公报》就是如此,1943 年初的启事中就可见:"一、临时广告:刊于第四版及第二版,长行每行七十二字,第一天至第三天每行每天六元,第四天至第七天□折计算,八天以后七折计算,最少二行三天;二、长期广告:刊于第二版新闻旁及第三版副刊旁,每平方市寸每月三十元,登两个月者八折计算,三个月七折计算,四个月六折计算,五个月以上对折计算,费须全部预缴,期满继续登作第一个月论;三、特别广告:刊于第一版紧要电讯栏中,每一平方市寸每天二十元,以四方寸三天为标准,篇幅过大,日期过久,及内容与新闻混淆者不登。"②

第一节　十年概况:延续多,发展少

一、延续此前广告创意

20 世纪二三十年代,宁波报纸广告发展到了一个高峰阶段,不仅数量多,各种创意表现方式也比较丰富,四十年代的广告对此前多有继承,举例如下。

悬念广告,因部分悬念性有限,或称之为预告式,如 1942 年 11 月 20 日《上海宁波公报》第一版使用大面积留白的方式写着"宁波同乡,口福匪浅,请注意明日此处广告"③,第二天同版面同一位置,是中亚土产食品公司明天开幕的广告,内有促销、产品、电话、地址等相关信息。1947 年 9 月 17 日《宁波日报》第一版一则留白广告,注意两个字前后各一个感叹号,标题是"天字第一号又来了",其中"天字第一号"字号最大,第二天同一版面同一位置揭晓答案,是"天字第一家百货公司",开幕日也有相应的促销活动。这种方式大都采用留白表现以吸引注意。

---

① 宁波商报暂行停刊,宁波日报,1948-03-07,第五版.
② 本报新订广告刊例启事,时事公报,1943-01-04,第一版.
③ 中亚土产食品公司悬念广告,上海宁波公报,1942-11-20,第一版.

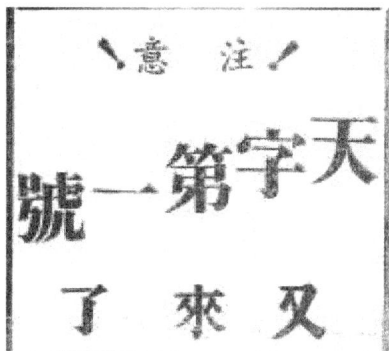

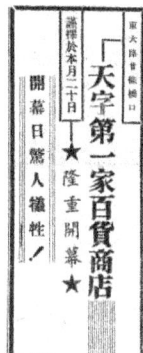

図 6 - 1　天字第一家百货商店悬念广告①　図 6 - 2　天字第一家百货商店开幕广告②

事件营销,如《宁波如生罐头食物厂紧要启事》(《宁波日报》,1947 - 06 - 23,第一版)发现伪造,悬赏五百万元;《悬赏五百万元:三益实业社谨启》(《宁波日报》1947 - 08 - 08,第一版),证明并非采用某原料某工艺,悬赏五百万元。

差异化与反促销销售,号称"革新商业讨价习尚,创本埠西服业不售二价之始"③的福新服装公司。

冠名赞助形式,"协和祥绸缎局为举行秋季大减价,特请假座宁波电台联合播送时新甬曲"④。

结合时局,以人们日常中非常敏感的物价切入,大陆状元楼猪油汤团广告声称,"上海三贵:米贵! 糖贵! 猪油更贵!"⑤,而以这"三贵"为原料的猪油汤团仍然按照原价发售。

服务促销,大陆状元楼"承接出门筵席"⑥"电话叫菜,专车飞送"⑦"代办年夜饭"⑧,楼茂记酱园"便利乡间顾客,欢迎豆麦米谷换货"。⑨ 饭店的代办

---

① 天字第一家百货商店悬念广告,宁波日报,1947 - 09 - 17,第一版.
② 天字第一家百货商店开幕广告,宁波日报,1947 - 09 - 18,第一版.
③ 福新服装公司广告,宁波日报,1947 - 10 - 26,第四版.
④ 协和祥绸缎局广告,宁波日报,1946 - 10 - 21,第五版.
⑤ 大陆状元楼猪油汤团广告,上海宁波公报,1942 - 12 - 20,第四版.
⑥ 大陆状元楼广告,上海宁波公报,1943 - 01 - 26,第一、四版中缝.
⑦ 大陆状元楼广告,上海宁波公报,1944 - 04 - 30,版面不详.
⑧ 大陆状元楼广告,上海宁波公报,1945 - 02 - 02,版面不详.
⑨ 楼茂记酱园广告,宁波日报,1949 - 05 - 18,第一版.

筵席及年夜饭、外送等服务，是当下餐饮业销售的重要方式，早在七十多年前就已被采用。

运用典故。新六零六新洒尔佛散广告是这一阶段比较少见的近半个版面的广告，广告不仅版面大，配图也相当丰富，包括华佗为关羽刮骨疗伤图、产品图、商标图等。以华佗为关羽刮骨疗伤的典故为广告最大创意之处，虽然以年份看，华佗不可能为关羽疗伤，但关羽中毒箭后，要以刀刮骨去毒治疗，期间他饮酒吃肉下棋，谈笑风生，毫无惧色，这个典故有相当的群众基础，易于让消费者一目了然地知晓产品及其功效。

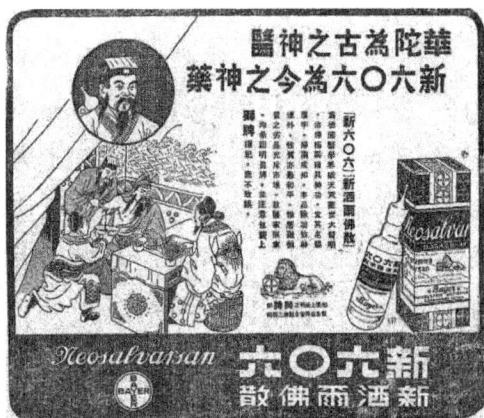

图 6-3　新六零六新洒尔佛散广告①

二、广告版面缩小，分类广告增加

此时广告与其他内容区分明显，很多报纸广告都有固定的位置，如版面的上下以及中缝等。而广告与广告之间的区隔也非常明显，如1947年《宁波日报》、1949年《宁波人报》上的广告都有加粗的黑色边框。

受经济发展状况和时局动荡的影响，这一阶段广告版面普遍缩小，较少出现大版面广告，整版、半版极其少见，如1947年《宁波日报》存档资料中，仅在1947年10月10日国庆节增刊第八版上有一则整版广告，是七星烟厂珠宝香烟恭贺国庆的广告。即使是四分之一版面的广告，这一阶段也不太多，

_____

① 新六零六新洒尔佛散广告，上海宁波公报，1942-11-19，第四版.

与其对应的是分类广告明显增加。1946 年 3 月 14 日《宁波日报》上刊登了《本报革新中缝广告刊例暨形式启事》，"本报近因广告来源拥挤，原有的中缝广告栏自三月十六日起改为长期分类分栏排列，每栏地位约占方格广告六分之一；广告费每栏每月国币一万元。各界如欲刊登中缝广告，请提前向本报接洽。"①中缝广告成为行业分类广告，原来中缝只刊登一则或至多三五则广告，革新后，成为集合同行业信息的经济实惠的分类广告。1942 年《上海宁波公报》的广告刊例中，就有长行、特别、分类、小广告四项的价位，此前，大多数广告刊例仅长行和方格两项。随着广告的发展，刊载位置、形式、所占版面等都越来越细化。1943 年 5 月 5 日《上海宁波公报》第四版下方都是影剧广告，10 则广告所占版面相近，一排五则，非常齐整，同一版面上面部分都是与影剧相关的新闻、杂文。1947 年 3 月 1 日《宁波晨报》第四版经济广告、征求、遗失，也非常类似现在的分类广告，如住宅出让、结婚启事等。

三、节日恭贺广告转变为节日促销广告

以前逢节日，企业集中发布恭贺类广告，无论版面大小，以恭贺类祝词加企业名为主。这样的广告一般在如新年增刊中集中、大量出现，营造出节日的氛围。大版面的广告无非是另外配图，广告主旨与基本内容与小版面的并无区别。这样的广告与企业的商品和服务关联度相对比较弱，又由于大量同类型广告集中编排，塑造企业形象的作用也有限，除了烘托节日氛围、加强与媒介的联系外，无更多价值。

1941 年 1 月 5 日刊登在《宁波民国日报》上的天胜照相行广告主题是"天胜照相行今年新供献""添聘优等照相技师，各种出品更求精美，增加内照外照电灯，夜照光线担保充足"②。在新一年到来的时候，新的服务增添新的气象和吸引力。1947 年 1 月 28 日刊登在《宁波日报》上的天胜照相行广告主题是"新年摄影请到天胜"，广告中无明确促销信息，但说明了营业时间"上午七时半起，下午八时止"③，主题与营业时间的突出，较之此前的单纯恭贺，已有明显的进步。

---

① 本报革新中缝广告刊例暨形式启事，宁波日报，1946 - 03 - 14，第一、二版中缝.
② 天胜照相行广告，宁波民国日报，1941 - 01 - 05，第二版.
③ 天胜照相行广告，宁波日报，1947 - 01 - 28，第一版.

此后,很多的节日与纪念日广告中,天胜照相行的广告都有了具体的促销信息,如 1947 年 10 月 10 日"庆祝国庆,照相半价一天"①;1949 年 1 月 1 日"庆祝元旦,照相半价一天"②;1949 年 4 月 4 日"庆祝儿童节,优待十五岁以下儿童,拍照半价一天"③;1949 年 9 月 1 日,"天胜照相材料行为庆祝本行复业四周纪念特别牺牲十五天,赠送放大,一律八折,各种照相软片减售八折"④等。由单纯恭贺变为推出新服务或给出有针对性的促销,企业的销售开始充分和深入利用特殊时机,节日与纪念日营销价值显现。

第二节　休闲娱乐业及其广告

休闲娱乐业的广告,如歌舞厅、咖啡馆、旅行社、旅行用品等出现,同时对于休闲娱乐业的关注和管理也相应产生。

1934 年 5 月 6 日《上海宁波公报》上刊登了咖啡馆的广告,另外,原有的饭店也增设了咖啡座及茶座,在这一天的报纸上广而告之。皇家咖啡馆的广告宣称"富丽堂皇,独步全沪;内部设备美轮美奂;地点幽静,座位舒适,音乐悠扬,足以陶情"⑤,"独步全沪"显现了上海对时尚潮流的引领,音乐与装修则是休闲娱乐中必不可少的环境因素。原有的饭店在此时推出了咖啡厅和茶座的服务,满足人们对此服务的需求,如中央西菜社"新开咖啡、茶座;特聘海外乐队,演奏世界名曲";⑥红棉酒家"增设咖啡、茶座启事"⑦。饭店在原来午市和晚市的基础上,把下午和晚饭后的时间也利用了起来,增加服务的同时,也能增加收入。这时还出现了歌舞厅,如维也纳舞宫"阵容无敌,睥睨舞坛,高尚娱乐,沪上独步"⑧,还有把歌舞厅与咖啡馆融为一体的,如米高

① 天胜照相行广告,时事公报,1947－10－10,第五版.
② 天胜照相行广告,宁波日报,1949－01－01,第九版.
③ 天胜照相行广告,宁波日报,1949－04－04,第一版.
④ 天胜照相行广告,甬江日报,1949－09－01,第三版.
⑤ 皇家咖啡馆广告,上海宁波公报,1943－05－06,第一版.
⑥ 中央西菜社广告,上海宁波公报,1943－05－06,第一版.
⑦ 红棉酒家广告,上海宁波公报,1943－05－06,第三版.
⑧ 维也纳舞宫,上海宁波公报,1943－05－06,第二版.

美"舞厅领袖,富丽堂皇、光芒万丈交际咖啡馆"①,这都反映出随着社会文化的发展,人们对休闲娱乐的需求开始增加的趋势。

1944年9月5日《上海宁波公报》上刊登了一则主题为"音乐奖品歌唱比赛"的广告,广告声称"音乐奖品委员会主办;比赛地点:爵士咖啡馆","凡年在十六岁以上女性爱好音乐,均可于即日起携照片至爵士报名,优胜者分别给以音专学费或名贵奖品;比赛日期另行公布"②,这其中并未具体说明"音乐奖品委员会"的来源与身份,如果这个委员会就是比赛地点爵士咖啡馆的经营者,或者与其是合作关系,那么,就属于比较典型的活动营销。

休闲娱乐业重要的组成部分就是旅游业,1942年11月1日《上海宁波公报》刊登了刘坤记旅行社的广告,广告主题是"赴甬者行李可不必烦心",因为"本社专营代客接送、行李搬运、物件上船或运到宁波领取,均听客便,电话通知即派员前来接送"③,便利了出差或旅行的消费者。1944年3月26日《宁波日报》刊登了浙江东旅社开幕广告及旅行用品至宝油、至宝丹的广告。浙江东旅社广告中强调自己属于"现代旅业",特点是"经济、舒适,合乎新生活;忠实、和气,旅行者良友"④。至宝油、至宝丹的广告把自己定位为"旅行良伴","终日仆仆风尘而精神焕发百病不生者,盖因箧中□备有功□万金油八卦丹之麟标至宝油至宝丹"⑤,虽然"百病不生"有夸大嫌疑,但产品适合奔波在外的人,不仅定位清晰,也反映出人们生活的变化。

有了娱乐业,自然也就有了对于娱乐业的思考、研究以及相应的管理。1947年3月29日《宁波晨报》刊登了《你知道战后世界,共有多少影院吗?》的文章,对传统娱乐业重要组成部分的电影业做出了相应的分析,"战后新世界,一共有多少电影院? 这统计是很困难的。《美国电影先驱报》一月四日的'世界市场'专辑上,做了一个比较精密的统计,据它的统计结果,战后全世界共有七五三四六所电影院。美苏英法四强是世界上拥有最多影院的国家,战败国德意日也均保存影院至少一千五百所。另一位五强之一的中

① 米高美广告,上海宁波公报,1943-05-06,第二版.
② 音乐奖品歌唱比赛广告,上海宁波公报,1944-09-05,第四版.
③ 刘坤记旅行社广告,上海宁波公报,1942-11-01,第三版.
④ 浙江东旅社广告,宁波日报,1944-03-26,第一版.
⑤ 至宝油、至宝丹广告,宁波日报,1944-03-26,第一版.

国,只有二百七十五所,比南美小国,如委内瑞拉还不如,真是惨而又惨。……如以领土与人口的比例来说,恐怕中国是最少的了。"①国力强盛、经济发达的国家影院的数量最多,而即使是二战的战败国,由于其基础相应比较好,也保留了数量较多的影院。我国的情况就不容乐观了,比一些南美小国家还不如,而若考虑到国土面积和人口,可能我国影院数量是最少的。这个数据能够反映出我国休闲娱乐业发展的滞后,与国土面积及人口数量非常不匹配,也从总体上反映了我国经济文化的发展亟待提速。

1949 年 4 月 2 日《宁波日报》上刊登了《用什么态度对待娱乐》一文,"没有一个没有娱乐的城市,正像没有一个没有花的公园一样。但是,娱乐是多种多样的,有具有教育价值的娱乐,有为娱乐而娱乐的娱乐,有毒害作用的娱乐。电影、戏剧、音乐、马戏等等大概可以分作这样的三类。……一般地说来:今天我们仍然有两种不好的倾向,一种是因为觉得所有的娱乐都不好,不值一顾,因而不去涉足于影剧场所;另一种则是抱了麻麻懂懂的态度进娱乐场所,而又麻麻懂懂地走出来,对于看了的不去动脑筋,不去提意见,坏的永远坏,经营娱乐场所的商人也就不去选择,没有改进了。"②文章指出,城市必然会有娱乐,但娱乐也有有价值的、只为娱乐、有害的之分,不能一概拒绝娱乐,同时也应认真思考,对娱乐提出改进的建议。这样的文章对于娱乐业的发展与管理都是有所帮助的。

娱乐业的发展也带来了一些问题,影响了社会风气,于是也就有了对不适宜、不规范、不正确的娱乐的管理,有从正面积极引导的,如《宁海县民教馆拟组织国乐团提倡民众正当娱乐》(《上海宁波公报》,1943 - 06 - 05,第二版);也有颁布相应条例进行管理的,如《阻止淫亵迷信思想发展,审查民间娱乐》,包括开业审查、内容审查等,"本县各民众娱乐场所及说书人员、杂耍人员等,经审查合格后,由本县发给许可证,方得开业;除电影检查应□照电影检查法办理外,戏剧及说书等,由负责人应将表演之剧本,连同剧情或说明书等,送请本县社会文化股及宣传股审核后,方得表演。各戏院之戏剧,应先将剧本送请本县核准后,方得开演;各戏除每日应表演之戏剧,应于演

---

① 你知道战后世界,共有多少影院吗?,宁波日报,1946 - 12 - 26,第五版.
② 长宇,用什么态度对待娱乐,宁波日报,1949 - 04 - 02,第四版.

完一日,依照本县所颁之格式,填报社会文化股、宣传股审核,未得核准前,一律不得表演。"①

第三节　对广告的思考、广告逸闻趣事与广告管理

一、对广告的思考

有广告,就有对广告的思考,由于缺乏相应的专业知识,此时的思考还不能称之为研究,但多数都已经关注到广告存在的问题并提出了自己的观点。

（一）体育新闻还是体育广告?

1945 年 2 月 4 日《上海宁波公报》刊登了名为《体育新闻欤? 体育广告?》的文章,对报纸上体育新闻中充斥着广告的现象做出了批判,"最近各报都开辟体育栏,而体育新闻的读者,也较多,既称新闻,□应该用报导笔触,即有论调,也应该运动上说。但使人感慨的,则是体育消息、体育评贬之外,更多了一项体育'价目'。体育价目,便指那些门票□元,分几种,额定多少,甚至有'售完为止,欲购从速'等恶劣文字。运动是一种德育,当然不应该有广告,没有广告,更不需什么广告型文字,广告型文字至充斥于体育新闻记者笔下,把运动员当做商品卖,岂得不教人发为浩叹? 有人看了类此文字来问我,这是不是出过广告费,我不敢说没有,因为我看也有些像。"②新闻与广告有别,不能在新闻中做广告,这一观点显然是正确的。但从作者的分析中不难看出,受限于时代、商业和广告的发展,对体育和运动员商业价值的评判,存在着明显的局限。

（二）"商业节目"

之所以给商业节目加上引号,是因为并非是真正意义上的商业节目,而是变相的商业广告。1944 年 9 月 2 日《上海宁波公报》上刊载了《电台上的商业节目》一文,作者从对于娱乐场所限制营业时间至晚十点出发,认为,既

①　阻止淫亵迷信思想发展 审查民间娱乐,上海宁波公报,1943 - 05 - 24,第一版.

②　今史氏,体育新闻欤? 体育广告?,上海宁波公报,1945 - 02 - 04.

然出于节约用电的目的,那么电台上的一切节目,也应予以限时,尤其是害处比较多的变相推销产品的节目。"咖啡馆等娱乐场所,现在规定营时间至迟为晚间十时,最大原因当然是节电。不过像电台上的变相商业节目、个人话剧、故事等节目,还在十时以后。……我们希望当局无分彼此,既把娱乐场所的电力限制在前,更希望把电台上的商业节目或一切娱乐节目,尽量缩短至十时以前……而且事实上有些商业节目,大都是推销滑头药之类,与社会害多于利。"①

(三)减价促销

20 世纪 30 年代,促销广告明显增加,以赠品和减价为主要形式,报纸版面上充斥着大量的促销广告,几乎形成了无促销不广告的态势。店面宣传也是如此,"大廉价的广告,以不同写法,不同样式张贴在每一家店铺的橱窗上。总之,在广告语气中,表现出唯有它才是价廉物美、货真价实的。"②虽然促销可以刺激消费,但所有商家长期采用同一方式,难免陷入价格战或走入虚假促销的误区,长此以往,不利于经济的发展。有文章就对减价的频繁和虚假做出了分析,"'大减价'在从前是一件看得比较郑重的事,除了新开店,几十周纪念,或闭门出清存货之外,是很少以大减价号召的。但现在上海的几爿绸布店及洋货号却不然了,大减价几乎成了家常便饭。例如敝舍对过有一家小布庄,除了常挂着的'大减价'小旗子以外,每年春夏秋冬四季都有一次例行的大减价,还有什么受盘大减价,装修门面大减价(虽然店中一切都没有变动)等。花样繁多,不及备举。最近又举行一个叫什么全部大削价,门前挂得花花绿绿,里面却只有几个乡曲走来走去。但报上还登有,'辱承踊跃光顾''顾客如潮涌,本店措手无策'等语,读之不亦肉麻乎!"③每天都在减价,消费者自然也就能够看出其中的问题,促销的刺激和激励价值也就失效了。

(四)盲从广告与恶俗广告

1947 年 9 月 26 日《民声报》上刊载了《勿信广告》④一文,从标题就不难

---

① 电台上的商业节目,上海宁波公报,1944 - 09 - 02,第三版.
② 必需品大跌特跌 裁缝店生意不错,宁波人报,1950 - 04 - 18,第四版.
③ 延华,大减价,上海宁波公报,1942 - 09 - 23,第二版.
④ 学炎,勿信广告,民声报,1947 - 09 - 26,第三版.

看出作者的观点，当然如果只看标题，作者的观点难免存在偏颇。作者从一本关于美国商业竞争的书里的一段话开始，分析了盲目遵从广告，按照广告去生活的可笑。"有一本关于美国商业竞争的书，上面有一段很有趣：'要是我照种种广告上所说的话做去，那么我的饮食起居要弄得滑稽可笑。'制裤厂的广告叫人多坐，鞋底厂却叫人多走；家具店的广告叫人多留在家里，铁路公司却叫人多去旅行……总之，卖水果的叫人多吃水果，广告却是天鹅绒厂主做的。劝人多吃糖果，末尾署名却是牙科医生。……看看倒还没什么，但假如你买的忠实的照广告的一切实行，那可麻烦了。"之后，作者还分析了为吸引注意，广告不惜利用各种裸露的恶俗方式，"南京的广告也多，大幅小幅的，还唯恐人不注意，于是就用刺激来吸引了。看呀，大腿、乳房、半裸体……大都恶俗到令人肉麻。"不盲目听从广告的号召，也不用恶俗的手法吸引注意，这才是作者"勿信广告"的真正含义。

二、有关广告的逸闻趣事

（一）广告效力

关于广告的效果，一直是广告中备受关注的重要议题，刊载在 1947 年 8 月 25 日《大报》上的《广告效力》[①]是一篇译文，采用对话的方式，调侃式地说明了广告效果的强大：

你想广告有用吗？

为什么没有用？我们前天在报上刊登了一段请看门人的广告，昨天晚上几位贼爷就光临了我们的家。

真的吗？一天工夫就产生了奇效。

读者在会心一笑的同时，记住了广告的有效。

（二）六言招生广告

1947 年 12 月 29 日《大报》上刊登了《罕见的招生广告》[②]一文：

日前伙同友人于□处闲游，忽然在一座古庙的墙上发现一张招生布告，读之令人捧腹，特录之如下：

照得创办学堂，本校率由旧章。三代原有成例，夏校殷序周庠。历年经

---

① 熙春译，广告效力，大报，1947-08-25，第三版.
② 右军，罕见的招生广告，大报，1947-12-29，第三版.

验丰富,圈点讲解周详。凡属读书子弟,有条有理有方。初读赵钱孙李,次读天地玄黄。幼学鉴略完毕,四书五经开讲。学业循序渐进,自然冠冕堂皇。倘有子弟送读,长短都好商量。束修不计厚薄,礼物总要相当。端午中秋重九,三节不可遗忘。诚恐非亲即友,不知个中蕴藏。教师也要吃饭,空肚怎能唱讲。特地出示布告,晓谕临近远方。趁早送礼不误,功课一律照常。若再观望不前,辜负宝贵韶光。

招生广告中陈述了自身的优势,教学的条理性和方法性,话锋一转,年节送礼不能少,教师也是要吃饭的,怎么能够空着肚子讲课。这里的束修和礼物与当前师德师风问题无关,束修是古时候拜师费或学费的意思,早在孔子的时候就已经实行,唐代时候,国家还有束修方面的相关规定。当然,礼物的多少因学校而有别。所以话锋的突变颇具戏剧性和幽默的味道。全广告采用六言诗的方式,押韵,读起来朗朗上口。又幽默又有文采的广告,想来这学校和教师也和它的广告一样吧?

三、广告管理

(一)医师药商夸大宣传

1942年11月4日《上海宁波公报》上刊载了《鄞县当局取缔医师药商夸大宣传》的消息,"本县当局,以迩来各药商医师,每籍报章作夸大宣传,亟应予以取缔,特分别函令各报章及中医、西医、国药业、新药业等各工会知照。嗣后如有各中西医师及中药商,登载各报广告(文字图画、启事、鸣谢,以及类似新闻之广告等)籍以招徕者,庶杜虚张,以保民命云。"[①]医师药商广告中的夸大其词应该是所有产品类别中最为严重的,而其中很多产品关系到人的健康甚至是生命,夸大的危害性也高于其他产品,因此以后这类产品登载广告必须先经过核准。

(二)整饬招牌,取缔街头墙壁无聊宣传

除报纸广告外,招牌与招贴也是常见的广告形式。1943年4月27日,刊载于《上海宁波公报》的《甬谋整饬市容规定办法,饬居民实行》其中就包含与广告相关的内容,"督令商店重钉不牢固之广告招牌,街头墙壁无聊宣

---

① 鄞县当局取缔医师药商夸大宣传,上海宁波公报,1942-11-04,第一版.

传招纸亦予取缔","本埠为整饬市容,并避免各项危险起见,特于最近规定下列办法,并付诸实施:(一)取缔过长招牌,并对摇摇欲坠之广告招牌亦督令重新装置,以防于大风时吹下而伤行人;……(三)街头墙壁,如有发现猥亵及无聊广告宣传招纸,则由清道夫负责予以清除,并禁止居民继续张贴"①,总体是有关整饬市容的报道,过长的招牌、不牢固的招牌、猥亵与无聊的广告宣传招纸都涉及商业宣传,是影响市容市貌或易产生危险的因素,应予以修整或取缔。

(三)广告旗帜悬挂规定

1947 年 9 月 16 日《大报》"来信问答"一栏中有关于广告旗帜悬挂的相关规定的解答,也同时向社会告知了这项规定,"商店张挂牌照旗帜或广告等,依照规定,以距离店面或墙壁不超过五市尺,离地八市尺,而不妨碍交通市容及不发生公共危险者为限。违反此项规定,即须受达警罚法六十三条之拘束处罚"②。商店张贴、悬挂牌照、旗帜、广告等,与店面、墙壁、地面的距离都有限制,不能随心所欲,不妨碍交通,不会因此产生公共危险都是基本的前提。

第四节　从启事与广告刊例看经济危局

20 世纪 40 年代中后期,经济萧条,工商业濒临危局。1946 年,《宁波日报》多则与此相关的信息,如《经济大崩溃的前夕倒风吹倒黄浦滩》(《宁波日报》,1946 - 11 - 07,第五版)、《工商业之难关》《渡过经济难关》《过年难难过年》(《宁波日报》,1946 - 12 - 19,第六版)、《工商业濒临危局》(《宁波日报》,1946 - 12 - 30,第三版)、《崩溃中的浙东手工业》(《宁波日报》,1949 - 02 - 04,第三版)等。《经济大崩溃的前夕倒风吹倒黄浦滩》一文中指出,"三十六行榜上皆有名,九十二天倒了八十家"③。《工商业濒临危局》则说明了危局

---

① 甬谋整饬市容规定办法 饬居民实行,上海宁波公报,1943 - 04 - 27,第一版.
② 悬挂广告旗帜须离地八市尺,大报,1947 - 09 - 16,第四版.
③ 经济大崩溃的前夕倒风吹倒黄浦滩,宁波日报,1946 - 11 - 07,第五版.

的原因与现状,币值贬落,外货侵凌,高利盘剥,原料缺乏,捐税太高,工潮起伏等。

在这样的经济环境中,报业自然无法幸免,涨价、缩版、停刊频现。"在金融风暴之下,穗报业遭遇空前危机,白报纸每令达二十万元,若干报社已有不能支持之势。英文新报昨已暂告停版,其他报纸均谋缩小篇幅,增加报费及广告费。惟各业不景,报纸销量及广告均呈萎缩,各报社决向当局请求价领公粮□贷款,倘此办法不获实现,恐怕有半数以上之报社,被迫停版。"①"此间报业受物价激增影响,大感维持不易,导报□大□晚报已相继停刊,武汉时报及大同日报,原日出对开一张,现缩为每日四开一张。"②"随东南益世等报停刊后,今日又有东方等三小报休刊,中央为四开一张,申新大公等报则减为对开一张,仍感难于维持,其他出版事业亦无不叫苦连天。"③虽然新闻中说的是广州、汉口、上海的报业,但经济最发达地区尚且如此,其他区域也不会乐观。

宁波的报业也在这样的危局中挣扎着生存,仅从1947年至1949年《宁波日报》上刊登的有关报费和广告费调整、缩版的启事上即可见。

1947年1月5日,《〈时事公报〉〈宁波日报〉联合启事》:兹因近来物价飞涨,本报等日常需用之白报纸及一切物料亦同时跃升甚巨,长此以往,实难维持,兹特公议,自三十六年一月一日起,将广告刊例及报费售价酌予调整,稍资挹注,事非得已,尚希垂察是幸。广告:长行七十六字高每行每天四千元,二行二天起码;方格二十四字高十四字阔,每方每天一万元;报头下《时事公报》每方每天一万八千元,《宁波日报》每方每天一万元。报资:每月五千元,外埠加邮费三百元,另售每份一百七十元。④ 四个月后,每月的报费上涨了三倍,每份更是三倍多。1947年5月4日《〈时事公报〉〈宁波日报〉联合启事》,报费:每月一万五千元,外埠邮费外加,另售每份五百元。⑤ 仅一个多月以后,每月报费上涨九千元,一份上涨三百元。广告费与半年前相比,同

———————————

① 报纸遭遇空前危机纷纷缩版停刊,宁波日报,1947-02-14,第二版.
② 报纸遭遇空前危机纷纷缩版停刊,宁波日报,1947-02-14,第二版.
③ 上海报业遭遇困难,宁波日报,1949-05-05,第二版.
④ 《时事公报》《宁波日报》联合启事,宁波日报,1947-01-05,第一版.
⑤ 《时事公报》《宁波日报》联合启事,宁波日报,1947-05-04,第一版.

样的十四字高十四字阔的方格,由每日每方一万元上涨至三万五千元。1947年6月29日《〈时事公报〉〈宁波日报〉联合启事》,广告刊例:长行:以五十一字高为一行,每日每行一万二千元,二行二天起码;方格,二十四字高十四字阔,每日每方三万五千元,字体以本报所用新五号字为标准,不折扣,款请先惠;报费:每月二万四千元(外埠邮费另加),另售每份八百元。①不到四个月的时间,报费与广告费均是之前的两倍或两倍以上。1947年10月21日《〈时事公报〉〈宁波日报〉联合启事》,报费:每份二千元,每月六万元,邮费另加。广告:长行每行二万五千元(二行二天起码);方格每方七万元(广告字样均以本报五号字为准)。②

1948年4月5日《本报调整报费启事》,"本报自上月五日调整报费以还,报价涨起又达百分之六十,为稍事挹注计,自本月五日起将报费再行调整为每份国币一万二千元,每月每份国币三十六万元,情非得已,诸希谅察。"③从中可见,《宁波日报》在3月5日、4月5日两次调整了报费。1948年4月16日《〈时事公报〉〈宁波日报〉联合启事》,广告刊例:长行(五十一字高)每行每天国币十万元(二行二天起码);方格(廿四字高十四字阔)每方每天国币念五万元。④1948年5月8日《〈时事公报〉〈宁波日报〉联合启事》,广告费:长行:每行新五号五十一字,每行每天念万元,二行二天起码;方格:高新五号念四字阔十四字,每方每天四十万元。⑤广告费长行增长两倍,方格增长一点六倍,这个增速仅仅用了二十多天,可谓惊人。而1948年5月8日的报费是"每份每日一万七千元,每月五十万元⑥"。至六月末,报纸宣布自七月开始缩版,"兹以近半月来,物价涨势如脱羁之马,白报纸价格旬日间竟涨达一倍有奇。本报等为贯彻服务社会初衷,减轻读者负担期间,决定自七月一日起,暂行缩版为每日各出一大张,还祈各界亮察为荷,此启。"⑦由一次次的价格上涨再到版面的缩减,经济的危局与报业的艰难不言而喻。

---

① 《时事公报》《宁波日报》联合启事,宁波日报,1947-06-29,第一版.
② 《时事公报》《宁波日报》联合启事,宁波日报,1947-10-21,第一版.
③ 本报调整报费启事,宁波日报,1948-04-05,第一版.
④ 《时事公报》《宁波日报》联合启事,宁波日报,1948-04-16,第一版.
⑤ 《时事公报》《宁波日报》联合启事,宁波日报,1948-05-08,第一版.
⑥ 《时事公报》《宁波日报》联合启事,宁波日报,1948-05-08,第一版.
⑦ 《时事公报》《宁波日报》联合启事,宁波日报,1948-06-30,第一版.

1949 年 2 月 5 日《本报调整报费广告费启事》,本报报费、广告费自二月五日起调整如下:报费,每日每份金圆二十元,每月每份金圆六百元;广告费:长行,新六号字五十九字为一行,每日每行金圆一百五十元;方格,新六号字高十四字阔十五字为一方,每日每方金圆二百元。① 4 月 1 日,本报等报费及广告费自四月一日起调整如下:报费,每日每份金圆六百元,每月每份金圆一万八千元;广告费:长行,每日每行金圆三千六百元,两行两天起码;方格每日每方四千八百元。② 不到两个月时间,报纸由每日每份二十元到六百元,每月每份六百元到一万八千元,广告费长行由每日每行一百五十元到三千六百元,方格由每日每方二百元到四千八百元,报费是此前的三十倍,广告费是此前的二十四倍,通货膨胀的严重程度由此即可见。

第五节　报纸与广告中的怪现象

一、报纸:新闻也过愚人节

随着西风东渐,圣诞节、愚人节等"洋节"被国人所了解,尤其是中华民国改朝换代之后对传统节日的抵制等因素,加之商家的借势,使得洋节逐渐流行。

报纸上有关洋节的报道也随之出现,洋人过洋节不在我们分析之列,1946 年圣诞节前,《时事公报》《宁波日报》都有宁波青年会举行活动欢庆圣诞的新闻。1946 年 12 月 26 日《时事公报》刊登了《圣诞节在上海》的新闻,"天阴雨湿街头景象萧条,穷困人民谁有闲情庆祝",其中提及"富有之市民经圣诞前夕之狂欢,……综观今年冬圣诞,已大不如前……"此时抗战刚胜利,经济萧条,"已大不如前"能够说明从前的欢庆还是有一定规模的。1948 年 12 月 23、24 日《宁波日报》在第四版刊登了"普天同庆圣诞节,大同绸布统廉价"的广告。

报纸中出现的洋节最为奇特的当属愚人节了,愚人节以新闻来愚弄人,

---

① 本报调整报费广告费启事,宁波日报,1949 - 02 - 05,第一版.
② 《宁波晨报》《宁波日报》联合启事,宁波日报,1949 - 04 - 01,第一版.

说白了就是制造假新闻,这并不是宁波报纸的独创,属于模仿之作。1948 年 4 月 1 日,《宁波日报》制造了三条假新闻,数据库中虽无这一天的报纸,但有第二天即 4 月 2 日"辟谣"的报纸。这一天刊登了署名为愚人的《愚人节的声明》一文,"当昨天本报发表《影星王丹凤来甬》《李斐放县长》《三月份指数二十九万余倍》三个愚人消息后,立刻轰动了全甬。……我们也要怪读者太不留意,在昨天的'小言'里,已经明明提示大家要'当心'受骗! 现在,愚人节是过去了,昨天的唐突,我们不得不来一下说明,谨请读者见谅,少骂几句不忠实。明年愚人节再会!"①宁波很少有大明星到来,李斐突然官运亨通,一般劳动人民非常关注的生活指数在物价高涨的时候突然有了好消息,三则消息一出,立刻轰动了整个宁波。李斐本人还写来信函,声称绝无此事。这篇文章同时还把愚人节炮制的三条假新闻和李斐来函一同"立此存照"。

图 6 - 4　愚人新闻存照②

这一天的《宁波日报》还刊载了《愚人节过了》一文,"昨天是愚人节,本报地方新闻版上,也刊有几则愚人的消息,……可说是开甬商报纸'说谎'的先河。……记得去年愚人节,沪上报纸都勾心斗角,制造愚人消息……但是愚人者人亦愚之。有一个报社的采访部于愚人节接获读者电话报告,谓有

---

①　愚人,愚人节的声明,宁波日报,1948 - 04 - 02,第五版.
②　愚人,愚人节的声明,宁波日报,1948 - 04 - 02,第五版.

客机一架，坠落龙华机场附近万国公墓之侧……该报记者急忙乘车赶至失事地点，各处寻遍不见踪迹，返馆后始知受愚……现在，这一个有趣的节日业已过去了，希望大家当心明年的一天，不要被人家所愚弄了。难得说谎，只有一天，明年此时，还得当心。"①从中可以看出，上海的报纸去年就这么做了，也有读者反过来愚弄报社的。在宁波的报纸中，《宁波日报》是第一个这么做的。

这样炮制新闻必然经过前期比较周密的谋划，当天想必是赚足了眼球和议论，愚人节过后还能以辟谣的方式再次引发关注，这样人为制造轰动事件的行为应该是报纸为引发读者的关注而刻意为之的，也不排除平时新闻严肃惯了，偶尔玩笑一下，娱乐自己和大众的心理。但无论何种目的，真实是新闻的第一生命，新闻是不该过愚人节的。

二、广告：新闻还是广告？

1943年1月4日《时事公报》《本报新订广告刊例启事》中，在"特别广告"这一类中有如下说明："内容与新闻混淆者不登"②，新闻与广告不同，不能以新闻的形式去做广告，之前分析体育新闻还是体育广告的文章，同样也持此观点，两者目的不同，表述也不同，虽然同为报纸的重要内容，但两者泾渭分明，想来报纸自身是远比读者更清楚这一点的。

但是，1947年《宁波日报》多份报纸中有"市声"一栏，位于国际和地方新闻版面，正文字号也与其他新闻无异，从"本埠讯"与市声这个栏目名称看，不难判断出内容应是报道当地市场上的新变化。但具体内容完全不是新闻的写法。如7月10日的"市声"，是关于"新华安旅社增设冷饮部"的，"（本报讯）本埠江北岸外马路新华安旅社，近增设冷饮部，各种冷饮四客起送，招待周到，电话一三五一。"③有地址，有电话，还有"四客起送"的服务表述以及"招待周到"的优势陈述，与广告语言无任何差异。

再如7月24日"市声"栏的具体内容："（本埠讯）本埠东渡路十五号同丰祥绒线商店，为扩展业务起见，最近向产地直接运到大量上等绒线，如美国

---

① 愚人节过了，宁波日报，1948-04-02，第六版.
② 本报新订广告刊例启事，时事公报，1943-01-04，第一版.
③ 市声，宁波日报，1947-07-10，第三版.

林肯老牌绒线,国产绵绒线及各种简绒、细绒,花色美丽,质地柔软,允推上乘,并委该号为宁属总经理。兹该号为酬答顾客,即日起将存货彻底削码。欢迎本外埠大量批发,届时门庭若市,势必十分拥挤云。"地址、产品、优势、促销原因、促销方式、光顾号召、预期火爆程度一应俱全,完全是促销广告常规的表达,再看其排版,又是新闻的样子,以下的市声截图包括左右两侧新闻:

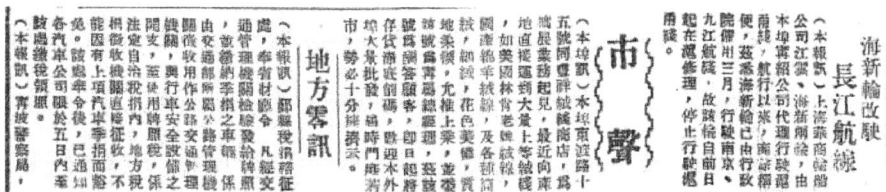

图6-5　市声①

打着新闻的旗号行广告之实,着实是一种错误的行为。

除新闻外,报纸上的其他文章,如杂文,也会有品牌名出现,仅举一例《咖啡饮量》②。作者比较了从前和现在对于咖啡的饮用,从前胃口大,咖啡便宜,收入也丰厚,而如今,胃口依然大,咖啡贵了,收入却无增长。"不佞嗜咖啡,十年如一日。胃口愈弄愈大,饮量则愈缩愈小。在战前,每日可尽三大壶,那时三大壶代价不到六元。其时收入尚丰,故不以为意。后来咖啡价格日涨,视五年前约贵一百五十倍。不佞收入未能递增如数,不得已将饮量逐渐减少。截止目前,请客例外,每日□得早晚两杯,余则唯□红茶以饮代用品而已。"但在文章最后,作者写道"江民兄前允惠赠 CPC 咖啡若干,胃口被吊,而迟迟不至,怎不令人急煞也么哥!"CPC 咖啡这个品牌名就非常醒目地出现了,说其醒目并不是使用了大字号或不同字体,而是最后一句单独成段,所以稍显醒目。承诺惠赠的也许确实是此品牌,作者也可能比较偏爱这一咖啡,又或者这是比较能够凸显品位的咖啡品牌……我们无从考证。有些大师写散文的时候,也会提及品牌,如梁实秋笔下的那些饭店,最初也是

---

① 市声,宁波日报,1947-07-24,第三版.
② 勤孟,咖啡饮量,上海宁波公报,1944-09-13,版面不详.

登载在报纸上的，但并不是广告，我们见多了软文广告、隐性广告，可能难免会有些"草木皆兵"了。

第七章　1950—1979年：延续、凋敝到空白

这一阶段的报纸包括 1950 年《甬江日报》和《宁波人报》，1950 年至 1951 年集合以上两报人力财力合办的公私合营的《宁波时报》，1951 年至 1972 年由《宁波时报》改办的《宁波大众》，1956 年创刊至 1961 年的《宁波报》。1972 年 10 月 20 日《宁波大众》停刊，至 1979 年，处于无资料空白阶段。

第一节　概况：数量减少与"去生活化"的广告

总体而言，从 1950 年至 1972 年 10 月 20 日《宁波大众》停刊，这二十多年间广告从数量上呈现着逐渐减少的趋势，从表现上则明显由生活到生产。

不同的报纸，广告有一定的差异。1950 年《宁波人报》广告比较注重排版，广告使用配图、留白等表现，而《甬江日报》商业广告不但数量有限，且均无配图，采用和启事相同的竖排版方式。1950 至 1951 年的《宁波时报》广告较多，贺岁广告、利用大事件做广告等方式依然在使用，广告注重突出品牌信息，同行业的商业广告倾向于集中排版，很多广告图文并茂，纯文字的广告字体也比较多样化。

作为宁波地区革命委员会机关报，《宁波大众》更为注重政治意义，商业广告数量有限。数据库中第一份报纸，即 1951 年 9 月 1 日，只有第四版有纯文字竖排版的启事和公告，并无商业广告。数据库中最后一份报纸，即 1951

年9月30日,一二版中缝有启事和少量商业广告,第四版下方有少量商业广告,均为纯文字。

按照1954年《宁波大众》广告刊例表中的信息,广告分为"特种广告(报名旁)、政府机关布告公告、工商企业启事声明、书刊出版学校招生、工商营业推广产品、电影剧院娱乐节目"[1],商业广告并未按产品类别进行划分,这与商业广告数量少直接相关。1954至1957年的《宁波大众》在新年、国庆等节日会有较多的庆贺类广告,通常集中于一个版面,是每一年中广告数量最多的时候,其余则是以启事、公告、影剧、交通、出版信息为主,有时有少量商业广告,有时无,以上内容加起来所占版面也极其有限。

1958年,生产设备与生产资料广告较多,图文并茂,与报纸其他内容区分明显,但此时的配图采用的是罗列很多商品的方式,繁多的商品并非凸显商品本身,更侧重于建设成效。1958年前几个月,报纸多次刊登"刊登本报中缝广告,花费少收效大"[2]的相关信息。1958年年底广告数量有减少。1959年的广告数量也在减少,即使有时八个版面,广告数量也未增加,逢新年、五一、十一庆贺类广告还是有出现。但有时,报纸仅有影剧和出版类信息。即使是袜子这样的日常生活用品,在广告中也捕捉不到生活气息,背景较多烟囱,展现工厂林立的场景,其余则为产品展示,黑色调占比较多。

图7-1 宁波针织袜厂广告[3]

---

① 广告刊例表,宁波大众,1954-01-04,第一版.
② 刊登本报中缝广告,宁波大众,1958-01-19,第四版.
③ 宁波针织袜厂广告,宁波大众,1958-05-01,第五版.

1960年至1963年,报纸影剧类信息是广告中最主要的类别,偶有商业广告,但数量少。1961和1962年元旦、五一、十一均未增加版面,也无恭贺类广告,1963年恭贺类广告再次出现,仅是单纯成就展示。而到了1966年,商业广告已不可见,仅余影剧类信息、电台节目,通知与通告也很少,还有报纸订阅的信息,但无刊登广告的相关信息。1967—1972年,报纸基本仅剩革命影片的相关信息。

值得一提的是,以前企业的恭贺类广告采用企业名称加贺词的方式,到20世纪50年代是厂名加繁多的产品,还有一些销售的功用,而1960年的一则,也是当期报纸仅有的一则恭贺类信息,这则作品占据六、七两个版面,但只有生产建设,完全无销售功效,表现上看只有广告之形而并无广告之实。

图7-2 宁波市重工业局庆祝元旦①

1956年至1961年《宁波报》上的广告同样呈现减少的趋势。1958年5月1日,《宁波报》上刊登了多则较为生动的广告,尽管是庆贺劳动节,但应该算是此阶段宁波报纸广告"最后的辉煌"。企业名是"勤俭",广告中的人物仍然可见时尚生活的气息;凤苞痱子粉广告中穿着旗袍的女性形象,此后在这一阶段再未出现。

---

① 宁波市重工业局庆祝元旦,宁波大众,1960-01-01,第六、七版.

图7-3　勤俭眼镜厂广告①

图7-4　凤苞痱子粉广告②

第二节　广告中明显的不变与变化

广告经过多年的探索与发展,虽受时局与时代变迁的影响,但仍会体现出对之前成果的继承,而变化则非突发性,通常是渐进式。

一、不变:同一表现手法的重复使用

1950年《宁波时报》的广告仍然可见此前广告探索出的有效的表现方式,其中悬念式是使用频率最高的表现方式。

1950年7月16日《宁波时报》第二版左上角广告大面积留白,中间有四个字"打打算盘"。第二天17日的报纸同样的位置,出现了算盘香烟即将到甬的预告式广告,并且强调了其经济实惠的特征。间隔一天,19日的报纸则是正式的产品广告,"算上加算,算过又算,算来最合算",重复出现六次的"算"不仅是产品名,更是产品经济实惠的利益点。

---

① 勤俭眼镜厂广告,宁波报,1958-05-01,第三版.
② 凤苞痱子粉广告,宁波报,1958-05-01,第三版.

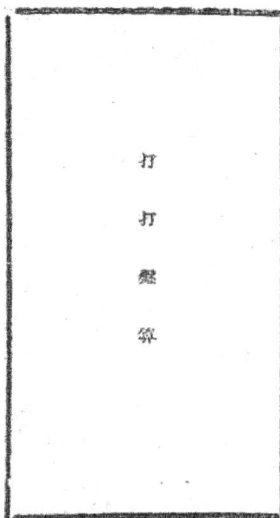

图7-5   7月16日算盘香烟广告①

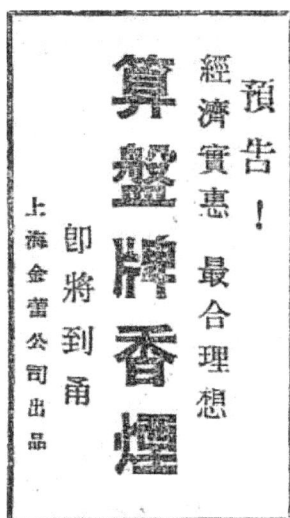

图7-6   7月17日算盘香烟广告②

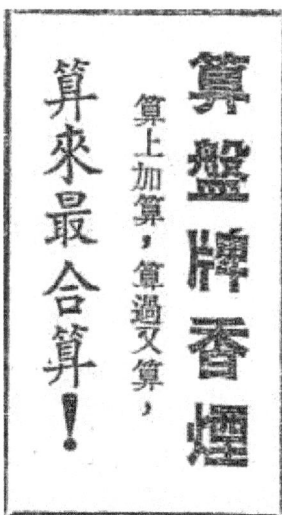

图7-7   7月19日算盘香烟广告③

①   算盘香烟广告,宁波时报,1950-07-16,第二版.
②   算盘香烟广告,宁波时报,1950-07-17,第二版.
③   算盘香烟广告,宁波时报,1950-07-19,第二版.

　　1950年9月28日、9月29日,《宁波时报》第四版同样出现了预告式的悬念广告,28日广告以"灯啥灯?"的问句为主题,下方写着"请注意明日广告"。29日则是三个由小到大的"灯"字,除了"请注意明日广告"外,还有"今日在本市大街小巷全部出现"的字样,充分吊足了受众的胃口。但由于30日第四版报纸的不完整,并未查询到广告为何产品所做,在之后的报纸中同样无迹可寻,但从已有的两则广告中不难判断,应该是属于新品上市的预告式悬念广告。

图7-8　9月28日悬念广告①　　　　图7-9　9月29日悬念广告②

　　悬念表现还经常用于促销广告中,通常在促销前一天发布悬念广告,突出优惠信息,同时写明注意明天的广告。太昌绸缎局秋季大减价悬念广告中有黑底白字"不惜任何牺牲"的字样,后一天正式发布的促销广告中同样有,并且采用完全一致的字体与排版。九龙绸布促销悬念广告在问号两旁以对联式排版写着:"一点一滴 不作奇廉;半送半卖 确能惊人",后一天的促销广告依然是文字竖排版,"一点一滴 减价 不作奇廉;半送半卖 牺牲 确能惊人",只是中间增加了减价和牺牲的字样。

----

① 9月28日悬念广告,宁波时报,1950-09-28,第四版.
② 9月29日悬念广告,宁波时报,1950-09-29,第四版.

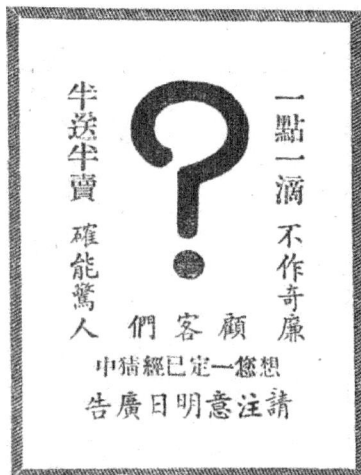

图 7 - 10 太昌绸缎局秋季大减价悬念广告① 图 7 - 11 九龙绸布促销悬念广告②

悬念是一种能够有效吸引注意的表现手法,设置悬念再到解开悬念的过程中,充分吸引关注,常被用于新品上市和促销宣传中。广告通常是纯文字表现,采用留白方式,新品上市一般发布三则,促销发布两则。但当同样的表现手法被较多运用后,难免会因雷同而降低吸引力,作为此时宁波报纸广告中不太多见的创意手法,一种表现的频繁运用也反映了广告发展的停滞。

二、变化:清晰的时代印记

广告中的企业名称、品牌名称、产品诉求和广告表现都有着社会大的动荡之后百废待兴、一切从简的质朴。如淮海牌香烟广告,公司名"勤奋",品牌名的"淮海",产品的"大号"特征,"提倡节约"的诉求;恒丰印染纺织厂九恒元斜直接针对自己的目标消费者"劳动人民",突出他们对衣料的要求,当然也同时是自己产品的特征:"经济、经穿、经洗"。

---

① 太昌绸缎局秋季大减价悬念广告,宁波时报,1950 - 09 - 17,第四版.
② 九龙绸布促销悬念广告,宁波时报,1950 - 10 - 19,第四版.

图7-12　群众化大号淮海牌香烟广告①

图7-13　九恒元斜广告②

　　经过了大的战乱,告别旧社会,迎来新时代,革命后的欢欣鼓舞同样在产品及广告中有明显体现,具体而言,包括产品名称、产品包装、广告中的图文。利群烟草公司红星牌、旗鼓牌香烟广告中,星、旗、鼓都是比较典型的代表革命和胜利的元素。以迎风飞舞的旗帜作为背景,人击腰鼓和立体化的产品作为核心元素,产品名称也使用立体化的文字,广告元素多,画面安排很满,处处充满了力量感。红星牌香烟的包装以星为中心,四周光线呈放射状,集聚和突出中心同时又有辐射、开阔的作用,是时代特征非常明显的构图形式。

图7-14　红星牌、旗鼓牌香烟广告③

---

① 群众化大号淮海牌香烟广告,宁波时报,1950-09-17,第四版.
② 九恒元斜广告,宁波时报,1950-12-01,第二版.
③ 红星牌、旗鼓牌香烟广告,宁波时报,1950-10-12,第四版.

南洋烟草公司秧歌舞香烟广告把秧歌舞曲谱放入了广告中,产品包装同样充满欢庆的味道。腰鼓牌香烟广告以敲击腰鼓的女性为主要表现元素,这种头扎毛巾、击打腰鼓的女性力量感十足,与此前香烟广告中穿着旗袍、风情万种的女性迥异,性别的差异化特征不明显。

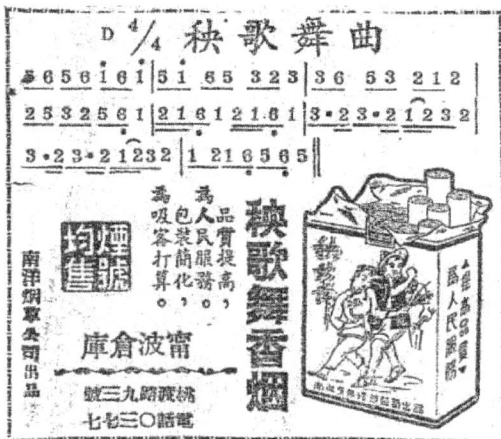

图 7-15 秧歌舞香烟广告①

图 7-16 腰鼓牌香烟广告②

在各类产品的广告中,服务于生产和群众的意识都非常突出,如香烟广告中的"为人民服务""搞好生产,提高品质",产品的"大众化""价廉物美";笔广告中的"加紧生产,帮助学习"等。

第三节 "服务"意识凸显的广告

不同于传达信息、突出卖点的以销售为核心目的的广告,此时,更多的广告是服务于生产和建设的。《宁波时报》1950年7月7日创刊号的《创刊词》里有如下说明:"我们是一群愿意从事于人民新闻事业的初学者,……以便在新的生产建设事业中能尽我们的一份力量。……反映人民实际而生动的斗争生活和生产建设的成绩,关心人民的利益和要求,宣扬政府的政策和

---

① 秧歌舞香烟广告,宁波时报,1950-10-12,第二版.
② 腰鼓牌香烟广告,甬江日报,1950-05-05,第三版.

法令,推进本区的各项生产建设。……鼓舞广大人民积极参加建设工作,使我们的建设事业能够更快地顺利发展。"①在并不很长的一段文字中,生产建设就出现了数次,报纸服务于生产建设的目的显而易见。纵观此时的广告,也在多方面显见服务意识。

一、上海生产企业联合广告

《宁波时报》在1950年至1951年曾集中刊登过上海生产企业的联合广告,多家同类型产品广告刊登在一起,占据版面从约四分之一到几近整版。1950年10月7日《宁波时报》第二版以"优良日常百货用品介绍"为题,刊登了上海日用品企业的广告,右侧还写有"上海生产企业联合广告,全国十八种大报联合轮刊"的字样。1950年9月30日第一版集中刊登的是文具类产品广告,1950年11月16日第四版刊登的是化工和医疗类产品广告,1950年11月23日第四版是文具和日用品。1950年12月14日第六版是日用品,占据整版,写着"品质精良,人人乐用"的字样;1951年3月28日第四版是新药专刊,除最下方的影院剧场广告,所占版面也几近整版,最上方写着"精工加料,积极生产;忠实介绍,敬请采用";1951年5月3日第四版整版,包括造纸、日用品、文具等行业产品。1951年8月29日第三版是上海纸商的联合介绍,写着"薄利经销,欢迎选购"。专刊形式的集中刊登,分门别类提供优质产品信息,排版图文并茂、生动灵活,与此前广告发达时期无异。

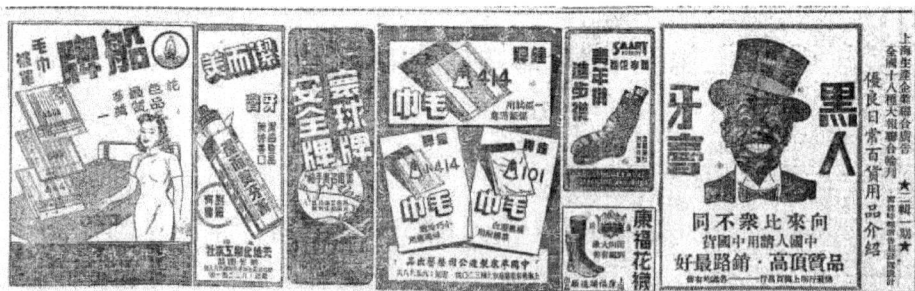

图7-17　优良日常百货用品介绍②

---

① 创刊词,宁波时报,1950-07-07,第一版.
② 优良日常百货用品介绍,宁波时报,1950-10-07,第二版.

二、为募捐寒衣而捐登的义演广告

1950 年年末，《宁波时报》刊登了募捐寒衣义演广告，由企业出资，广告采用纯文字表现，剧目、演员是主要内容，另有时间、地点、票价的相关信息，出资刊登此广告的企业通常写在广告最下方的位置。有些广告企业名称字号非常小，如恒昌参号捐登的 1950 年 11 月 27 日的广告，仅在广告最下方中间位置出现，其余大量是有关剧名和演员的信息。

图 7‑18　敦请全市名票名伶通力
合作义演京剧广告①

图 7‑19　邀请沪甬名票暨杭甬俱乐部
同人义演广告②

有些广告则除了企业名外，还附带有促销信息，如 1950 年 11 月 7 日新同新捐登的广告，下方用较大字号写有附告："新同新常青麦而登优待劳工界文教界继续牺牲三天"，"麦而登"使用了不同的字体，"继续牺牲三天"则用了更大的字号。广告两侧写有"多买一张票，多救一条命；义演京剧救难胞，劝募寒衣助灾民"。

1950 年 11 月 9 日由九龙绸布呢绒公司捐登的广告，不但企业名称醒目，"零头对折"的促销信息还使用了黑底白字。纺织类企业也是此次募捐寒衣运动最主要的赞助刊登义演广告的企业。

---

① 敦请全市名票名伶通力合作义演京剧广告，宁波时报，1950‑11‑27，第三版.
② 邀请沪甬名票暨杭甬俱乐部同人义演广告，宁波时报，1950‑11‑07，第三版.

图 7 - 20　九龙绸布呢绒公司捐登广告①

　　1950 年 11 月 14 日《宁波时报》在剧场广告旁边位置,还刊登了募捐寒衣的公益广告,广告采用对联式排版,中间有三则剧场广告,右边竖排版"喂! 你寒衣捐过吗?",左边则是"捐募寒衣请你加把劲",再次反映出报纸在此次运动中的推动作用。

图 7 - 21　捐募寒衣广告②

　　在 1951 年 2 月 10 日,《宁波时报》有《全国寒衣运动结束》的相关报道,报道称"全国寒衣运动结束,共募得五百二十四万套,皖北等地灾民得到温暖"③,运动所针对的是皖北、苏北、河南、河北灾民,活动持续时间长、规模大,效果显著。报纸刊登的由企业出资的义演广告对活动的顺利进行起到了非常重要的作用,成为当时企业公益与公关活动的典型形式,也反映了报纸服务于社会、服务于人民的立场。

---

① 九龙绸布呢绒公司捐登广告,宁波时报,1950 - 11 - 09,第四版.
② 捐募寒衣广告告,宁波时报,1950 - 11 - 14,第三版.
③ 全国寒衣运动结束,宁波时报,1951 - 02 - 10,第一版.

三、诗画广告：较之销售，更像成就展示

1959年5月1日，《宁波报》在第八版用整版刊登了诗画广告，顾名思义，诗歌加绘画，绘画生动活泼，诗歌朗朗上口，但不分产品类别采用完全一致的表现方式，又集中于一个版面，比起突出产品卖点的广告，更像是发展成就的集中展示。就产品类别而言，日常生活使用的产品占小部分，包括衣服、保健品、袜子和笔，其余是机器、农药、化工材料等生产用品。而即使是生活用品，广告文案中也会着重提及生产和成就，如"伟大节日'五一'到，'浙针'工人闹高潮""制袜工人手真巧，制出木纱质量好""东方巨龙飞天庭"等。同年10月1日庆祝国庆十周年诗画广告专辑同样如此。

图 7 - 22　诗画广告（局部）①

1959年10月1日《宁波大众》第七版的整版诗画广告在左上角有气球、灯笼、飘带、植物、华表柱的装饰，写着"1949—1959"的字样，专版主题是"庆祝建国十周年宁波市重工业、化学工业局所属厂矿诗画广告"，更为明显地集中于生产和成就，一派热火朝天促生产的景象。

---

①　诗画广告，宁波报，1959 - 05 - 01，第八版.

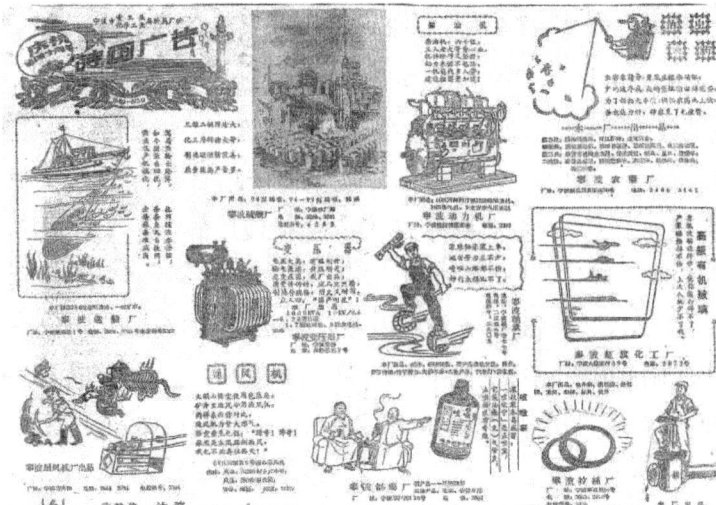

图 7-23　庆祝建国十周年诗画广告(局部)①

第四节　广告认知从客观到走入误区

一、20 世纪 50 年代:较为客观的广告认知

虽然广告在此阶段并无明显的进步,但在 20 世纪 50 年代,报纸刊登的相关文章中,仍不难看出对广告的认知不但是正确的,同时也是有发展的。认识到广告的作用,也指出了人们认识的偏颇与当时广告存在的问题等。可以说,这些文章的观点较之这一阶段广告的发展状况,是明显领先的。

（一）转载文章《谈广告》

1956 年 8 月 12 日,《宁波报》刊登了原载《人民日报》的署名郭敏的文章《谈广告》②:

谈广告(有删减)

直到现在还有人对广告采取了深恶痛绝的态度,认为是应该在根绝之列;有些人当听到广告两个字立刻就联想到虚伪、欺骗、挂羊头卖狗肉、说真

---

① 庆祝建国十周年诗画广告,宁波大众,1959-10-01,第七版.

② 郭敏,谈广告,宁波报,1956-08-12,第二版.

话卖假药等类的名词和成语。因而当他们看到一些报纸杂志增加广告篇幅的时候,就觉得很不顺眼。可是,如果因而就一笔抹煞了广告的作用,那就如同为了倒洗澡水就连小孩也倒了一样,是不足为训的。

广告的作用是宣传新的产品,把关于产品的简单知识和使用方法告诉群众,培养新的口味和需求。我曾经到过一个食品公司,那里各种食品的标签上,都写了名称、产地、营养价值、食用方法等等。写上简单明了的文字,使购买者增加了不少知识,也引起了人们购买的兴趣。

文化广告也是不可缺少的。新电影的上映,戏剧的上演,新书的出版,刊物的主要内容、展览会、报告会,等等,都需要用广告及时告诉读者。记得抗战以前《译文》《中流》《光明》等杂志的广告,就设计得形式多样,富有吸引力,给人难忘的印象。鲁迅先生往往亲自为一些刊物和书写些文字简洁、内容确切的广告文字。

我们国营企业现在每天都在出产很多产品,但是由于宣传工作做得差,它的质量、特性、用途、价格等,都不为群众所知道。文化广告做得更差些。

认为广告在今天是没有必要的人,头脑需要冷静一下,重要的问题在于:我们的广告是为消费者利益服务,它是为了帮助顾客,使买东西的人得到方便。让我们在车站、码头,能看到更多的漂亮广告牌,让我们在翻阅报章杂志的时候,能看到一些形式多种多样、内容丰富的能吸引人的广告吧!

文章从社会对广告认知的误区入手,分析了广告传达信息的基本功用,特别指出了文化广告的必要性。而现状是国营企业广告做得很不好,文化广告更差。作者最后呼吁,让车站码头的户外广告、报章杂志的广告都更具吸引力。这篇转载的文章反映了当时的广告观与广告发展状况,同时也是《宁波报》广告观的体现。

(二)消费者论坛《那(哪)一种商品的宣传效果好》

1956年10月27日,《宁波报》"消费者论坛"刊登了署名俞福海的文章《那(哪)一种商品的宣传效果好》[①]:

那(哪)一种商品的宣传效果好

前几天,从街上走过,见到两家布店关于"丝绵运到,欢迎选购"的宣传。

---

① 俞福海,那一种商品的宣传效果好,宁波报,1956-10-27,第二版.

一家是源康布店,它是这样写着:

秋风起,桐叶飞,大家都需添寒衣。丝绵衣裳御寒最适宜,我们已运到群众需要的衣料和丝绵,欢迎大家来购添。

另一家是成大布店,它写着:"丝棉供应了! 现在很多人已经在准备做冬天的衣裳了,前几年翻棉袄穿的人,随着生产力不断提高,国家工业基础日益浓厚,个人的生活也已经愈来愈好,今年就有不少的人要翻丝棉袄穿。"

显然,大家对前一家布店的宣传会感到新颖、亲切,因为它描述了目前时令已值深秋,人们需添寒衣,然后又说到丝绵衣裳御寒最好,而现在我们丝绵正好运到,欢迎购买。这样说很自然,很合人情。可是看看后一家呢,却是一套八股,生硬地要在标语里加上"政治"内容,说什么"生产力提高""工业基础浓厚"等等,虽然这并不是错误,却令人望而生厌,自然这样的宣传效果是并不会好的。

现在,人民生活得更欢乐和幸福了,群众对衣着日用商品都要求比过去高了。他们要的是丰富多彩的商品,因此向群众介绍多种多样的商品,介绍它们的性能、用途、使用和保管方法,指导消费,扩大消费者眼界,是更加需要的了。

我作为一个消费者,希望商业工作者能够在这一方面做出好的成绩来。

文章从消费者的立场,比较了两家布店关于同样的新品上市的宣传,也就是今天所说的 POP(Point Of Purchase,售点广告)广告。一家较为诗意化地从天气变化入手,引入新品上市,亲切而自然;另一家则强行加入了政治性的内容,提及生产力和雄厚的工业基础,生硬而又脱离产品。人们追求更好的商品和更幸福的生活,广告需要介绍商品的基本信息并指导消费,而不是用假大空的话做歌功颂德的文章。

(三) 市商业局贸易科科长署名文章《要不要做广告?》

1956 年 10 月 14 日,《宁波报》刊登了宁波市商业局贸易科科长江奇的文章《要不要做广告?》[①]:

要不要做广告? (有删减)

广告本身只是一种经济宣传形式,它向广大消费者推荐优良商品,介绍

---

① 江奇,要不要做广告? 宁波报,1956-10-14,第二版.

工业上的新产品，以启发人民的爱好、指导消费者推动生产的有效武器。

有人曾经怀疑广告是不是受群众欢迎？那么，我们看宁波东大路上新的市容，霓虹灯的辉耀，各个商店橱窗中的商品陈列比赛，以及样品陈列室、展览会等，都是广告的不同形式，其目的都在于吸引顾客，从商品角度上宣传国家经济建设的成就，来满足人民需要，同时完成商业上的销售计划。事实证明，这种做法，是受群众欢迎的。

但是把经济宣传工作仅仅限制在店铺的橱窗里和门市部内，或者电影广告上，这在联系群众上还是很不够的。因此，在今天当报纸和电台已成为最广泛最及时联系群众的工具时，就应该特别要利用报纸和电台的广告，来取得经济宣传上的最大效果。

目前某些商业单位，还不重视利用报纸来做广告，这是不是他们不理解报纸和电台广告的作用呢？我想他们是理解到的，问题在于，有些单位的领导人员，对于广告的目的性弄不清。据说，有些人认为有了"国营"两字，就好比是金字招牌，不用做广告；还有人更认为：反正我是"只此一家，别无分设"，总是消费者来求我，而不是我来求消费者；特别是当某些商品供不应求时，就更认为"不怕有货不出门"；认为登广告是浪费，不登广告是节约等等思想。总之，这些想法都反映了一种思想，就是"等客上门"，而不是时时想到如何为消费者服务得更好一些！

因此，可以说，善于利用各种形式广告，来指导消费，也是商业工作上群众观点的具体表现，每个商业部门应该加强这方面工作才好！

文章强调广告的本质是"一种经济宣传形式"，它的作用是向消费者推荐优良商品，介绍工业上的新产品，达到的目的是启发人民的爱好、指导消费和推动生产发展。橱窗的商品陈列、展览会、霓虹灯等都是广告，这也是国家经济建设成就的展示，备受欢迎。霓虹灯不仅是一种广告形式，也是市容市貌的重要组成部分。文章也指出了报纸和电台的经济宣传价值还没有被充分认识和利用的现实，这都是受制于对广告的认识不全面、不正确。

虽然以上几篇文章中仍有个别观点失之偏颇，但总体上的广告观是比较客观的，能够认识到广告的核心作用，也能够对当时广告的发展状况，特别是存在的问题，有比较清晰的认识。除了报纸广告，文章中也有提及电影

广告、电台广告、户外广告、售点广告等多种形式，尽管部分形式的专有名词还未固定化。这些文章能够大体反映出虽然经济尚不够发达，但广告的作用仍是被充分肯定的。

二、20世纪60年代：走入误区

新的社会制度取代旧的社会制度，必然会从多方面进行改革，尤其是那些过时的和消极的部分，但不是全盘否定，正确的和积极的依然会被保留，也就是所谓的"扬弃"。20世纪60年代对商业宣传中"古"的全面否定与谈"洋"色变成为两个典型的极端，从商品设计与装饰、商品品名、商品陈列到店名、广告等，无不受此影响，逐渐走入误区。

商品、商标、门店设计与装饰中很多传统的元素被一概否定，如宁波当地有代表性的食品糕团，上面印的"福禄寿"图案、"福"字、"寿"字等均被视为不健康的内容。还有如和合二仙、聚宝盆、凤凰、财神等，"宁波市百货公司领导会同建设局设计员，对所属商店门面上的塑像、广告、商标图案重新进行了检查。对于一些不健康的商标、图案、塑像立即进行了清除。现在，市文化用品商店门面上的福禄寿三星、天宝成银楼商标聚宝盆、和合神仙、凤凰等塑像，源康布店招牌上的十路财神等等，都已全部铲除了，使商店门面焕然一新。"①有些传统元素，不但有传说和故事，还寄托着很多美好的寓意，在此时均被一一否定了。

20世纪60年代的改名潮波及范围很广，人名、路名、单位名、店名等。店名通常与起源、创始人、发展历程等密切相关，有着比较典型的自身特色，是企业文化的重要体现，在极端与错误的认知下，被改为以所在区域命名或使用带"破旧立新"色彩的名字。如1964年底，一大批宁波商店更名，"这次更改名称的店、厂有四十三户，主要有：施毛记饭店改名为大众饭店；甬江状元楼饭店改名为甬江饭店；阿林饭店改名为新河饭店；宝得利面馆、梅龙镇菜馆改名为江厦饭店；老长兴饭店改名为江北饭店；开明赵大有糕团改名为开明糕团店；鼓楼赵大有糕团店改名为鼓楼糕团店；百丈赵大有糕团店改名为百丈糕团店；中东赵大有糕团店改名为中东糕团店；甡记旅馆改名为望江

---

① 宁波市百货业全面清理商店门面，宁波大众，1965-01-16，第二版.

旅馆；三和旅馆改名为江北旅馆；新南洋照相店改名为百丈街照相店；楼茂记酱品商店改名为江东酱品商店；怡泰祥食品商店改名为江东食品商店；升阳泰食品商店改名为鼓楼食品商店；益昌食品商店改名为江北食品商店；恒昌参行改名为益康参店；人和堂改名为江东中西药店；张恒德堂改名为鼓楼中药店；香山堂改名为江北中西药店；复兴五金机械商店改名为建新五金机械商店；福慎铜锡五金商店改名为利民铜锡五金商店；周恒昇化工油漆商店改名为新光化工油漆商店；郡庙百货商店改名为湖东百货商店；协和钟表商店改名为宁波钟表商店；桑联记眼镜商店改名为光明眼镜商店。"①这其中有多家老字号，如状元楼、梅龙镇、赵大有、楼茂记、升阳泰等，其中楼茂记源于其全称"楼恒盛茂记酱园"，升阳泰取"日升三阳而开泰"，改名后特色全无。

作为商品最直接展示区域的商店橱窗，原有的功能也被弱化、忽视，甚至是否定了。

我国近代广告是西风东渐的产物，但商业信息的传达与商品的推销本身并不代表着错误的生活方式，更不是腐朽的代名词。随着认知走入误区，报纸上的商业广告逐渐消失，服务于商品销售和日常生活的广告在之后的数年退出了历史舞台。

---

① 宁波市一批商店改名，宁波大众，1964－12－19，第三版.

第八章　1980—1999 年:恢复发展到多姿多彩

1980 年 5 月 1 日,《宁波报》复刊。自 1983 年 1 月 1 日开始,《宁波报》更名为《宁波日报》,宁波报纸与广告进入了新的发展阶段。

第一节　广告文章:问题型—指导型—百科型

以"广告"作为关键词,在数据库中进行关键词搜索,排除广告作品后,我们分析了这二十年间报纸上刊登的有关广告的文章,发现了明显的变迁轨迹:在刚恢复初期的《宁波报》上,有关广告的文章以查找问题为主,体现出对于广告相当谨慎的态度;1983 年更名为《宁波日报》后,则非常注重对于具体广告工作的指导,指导型文章越来越多,同时,广告知识普及型的也在逐渐增加中;到了 90 年代中后期,《宁波日报》增设了广告文章专栏,从非固定的"广告文摘"到之后固定的"广告文苑",再到更名为"广告与营销",一直延续,成为广告专业知识普及的百科园地,对广告理论在宁波的普及和广告业的发展做出了重要贡献。

一、《宁波报》:问题为主型的广告文章

《宁波报》复刊后,报纸广告同时开始了恢复发展。在当期的报纸中,除一二版中缝的戏曲信息、本报启事,三四版中缝的电影信息外,第三版下方刊登了一则宁波化工机械一厂的广告,虽然算不上生动,但图文并茂。在 6 月 1 日,《宁波报》的复刊词中并未单独提及广告,只是说明了"以经济建设

的报道为主",报纸中地方的经济类信息确实占据了一定的比例,也符合时代发展的重点与特征。

1980年6月8日,《宁波报》上刊登了《热烈欢迎各地工商企业在〈宁波报〉上刊登广告》的信息,"宁波区、市有三百余万人口。宁波市又是省辖市,地处东海之滨,位于余姚江、奉化江和甬江汇合处,水陆交通发达,是浙东政治、经济、文化中心。宁波港又是浙江省第一个水陆联运港,全国著名的北仑港码头就在本市镇海县内,在海运上占有重要地位,是浙江省对外开放城市之一,担负着祖国'四化'建设的重任,在政治、经济、文化、工农业生产等方面对全国各地影响很大。因此,我们热烈欢迎全省和全国各地工矿企业在本报刊登工、商广告和其他广告。如需刊登,手续简便,可寄产品照片或文字署名,即予代为设计安排。来稿请注明刊登面积和次数。我们对各种广告一定尽量满足刊户要求,对外埠单位在刊登的时间等方面,当给予优先照顾。"①这里主要介绍了宁波的特点和地位,强调这个城市的影响力,而未涉及对广告本身作用的评价,这于刚恢复的报纸和报纸广告而言,也是情理之中,有着扬长避短的特征。

《宁波报》在恢复后的两个多月刊登了一篇名为《话说广告》的文章,文章从党报刊登广告和社会主义企业刊登广告这两个疑问开始,对广告的本质、广告行业的兴起、广告的作用、广告需要注意的问题等进行了分析,开篇的问题,"为啥我们的党报也登那么多广告?""我们社会主义企业为啥要登广告?"②正是针对当时社会上对广告存在的不正确认知和疑虑,文章分析了广告的价值,还论述了广告须注意政治性、知识性和艺术性的特点。

虽然在恢复广告当年的半年之内,报纸刊登过证明广告效果良好的《广告一登,顾客盈门》,也刊登过《本报开辟〈供与求〉广告栏启事》,但至当年年末,广告数量并未有明显的增加。《广告一登,顾客盈门》是说奉化通用机械厂在《浙江日报》和《宁波报》刊登了工业缝纫电机的广告后,效果十分显著,"该厂在广告刊登后的四十多天内,先后接到上海、江苏、湖北和本省有关服装厂、丝织厂、绣品厂等单位来函30多件,要求采购工业缝纫机电机、机架等

---

①　热烈欢迎各地工商企业在《宁波报》上刊登广告,宁波报,1980-06-08,第二版.
②　初绿.话说广告,宁波报,1980-07-06,第一版.

附件。有九个单位直接派人到该厂采购。已经提货成交的购销业务有三十二笔,成交金额达到十万多元。"①《本报开辟〈供与求〉广告栏启事》是《宁波报》在1980年12月中上期刊登的启事,启事是这样表述的:"各地工业、农业、物资、社队企业、农工商联合企业,以及国营商业和供销采购部门,需要推销和采购的计划外商品日益增多。为了沟通宁波地、市以及省内外产需之间的供求情况,扩大物质交流,避免中间人从中渔利,并减少采购人员'满天飞'现象,本报决定开辟《供与求》广告栏。凡出售或求购某些商品、物资等,都可写成稿件,加盖公章,直接寄《宁波报》编辑部财贸组,信封上注明'供与求专稿'。内容要求真实,把商品规格、质量、价格、交货地点及联系单位名称、地址、银行账号等项书写清楚。稿件刊出后,每行(11个字)收费供方1.5元,求方1元,费用请通过邮局汇款到本报总务室,多退少补。"②买卖信息的通联确有需求,但之后并未见这一广告栏付诸实施。直到1985年1月13日的邱隘镇特刊专版中才看到"供与求"专栏,并且仅此一次。

1981年报纸中出现的有关广告的文章,基本都是谈问题的,如刊登在1981年1月17日《宁波报》第二版的《广告必须讲信用》,一家企业刊登广告后,因多种原因取消了供应,但未及时更正信息,使得很多消费者扫兴而归,报纸和企业的信誉都遭到不应有的损害。刊登在1981年2月1日《宁波报》第四版的《〈人民日报〉发表评论员文章〈广告的生命在于真实〉》,也是针对广告暴露出的比较明显的内容虚假的问题。

同样刊登在1981年的两篇文章《广告应能指导消费》和《商品宣传有文章》虽然题目中未体现出针对问题的倾向,但内容依然是指出不足的。"但我们也不难看到,现在的不少广告内容千篇一律,不是介绍厂址、电话、产品规格、型号,就是几句笼统的'美观大方,性能良好,实行三包',真正实事求是介绍商品性能、特点、保养知识的为数不多,而公开其出厂价或批发价、零售价的更是稀见。值得指出的是,目前有些企业为了推销商品,还套用了那些优质产品的广告内容,有言过其实的现象。……广告的基本要求是真实

---

① 邬坤芳,广告一登 顾客盈门,宁波报,1980-10-18,第二版.

② 本报开辟《供与求》广告栏启事,宁波报,1980-12-11,第二版.

性。为此,希望有关部门加强对广告的管理和对广告商品的质量检查。"①
《商品宣传有文章》基于偏见与问题,提出了有建设性的建议,"关于商品宣
传,存在两种偏见。一种人认为,只有滞销商品才要宣传推销;也有人在讲
宣传时,喜欢讲些不着边际的空话,如质量可靠,价格公道,实行'三包'等
等。……如果我们在宣传时,能够将如何检验产品质量、耐用程度,它与同
类商品的比较等,作一番具体、生动的说明,必能使不少人打消顾虑,解囊选
购。……这次红光电工商店在展销凯歌牌电视机时,广告上用的也多是专
用名词和技术数据,一般顾客没有一本科技词典恐怕不易看懂。那么,商店
为什么不把介绍词翻译成顾客易懂的话呢? 看来,要打开商品销路,还要切
实在商品宣传上下番功夫,使不了解这种商品但又需要它的顾客,能放心愉
快地买回使用。"②

　　1982年3月28日刊登在《宁波报》第三版的《闲话广告》,更是因为广告
中出现的一些问题,就称其为"诱惑术""竭尽吹捧、哄骗、引诱之能事",这样
以偏概全的评价并不可取。

　　1982年底刊登在《宁波报》上的《广告的功能》一文,才对广告有了较多
正面的分析,"广告是生产者与消费者的桥梁。它在传递生产信息、沟通产
销渠道、指导消费以及增进中外贸易交流等方面,都起着促进作用。……有
人认为,'我们的产品供不应求,还做什么广告?!'诚然,推销产品是广告的
主要功能,但是,它还有介绍产品的性能,帮助用户了解使用要领以及开拓
和占领新的市场等等功能,因此,名牌、优质和供不应求的商品也需注意广
告宣传。例如云南的白药,东北的人参、鹿茸,宁波的水表等产品,不都是通
过广告宣传达到远销的目的吗? 广告,人称'印刷出来的推销员',此话不
假。……总之,在社会化大生产和商品经济的发展过程中,广告既能沟通四
面八方的产销信息,又可以激发消费者的购买动机和指导商品的使用,是一
种独特而又必要的宣传形式,将会发生越来越大的作用。"③

　　受到经济发展和广告观念的制约,恢复后的广告显得非常"谨慎",这也

---

①　广告应能指导消费,宁波报,1981-04-19,第二版.
②　范伟国,商品宣传有文章,宁波报,1981-10-17,第二版.
③　海伦,广告的功能,宁波报,1982-12-18,第二版.

符合当时的实际情况,对广告存在或可能出现的问题予以关注是非常必要的。但我们也要看到,要促进广告的发展,正面的分析和引导,优秀典型案例的示范等,应具有更加积极的指导意义。这方面的工作,显然还有待进一步加强。

二、《宁波日报》:指导型广告文章增多

《宁波报》更名为《宁波日报》后,报纸在刊登广告方面的宣传有了明显的变化,不再仅仅是联系经理部和联系方式这样简单的语言,1983 年 3 月 12 日刊登的广告中,广告上方首先就抛出了两个问题"您想让您的产品家喻户晓吗? 您想让您的产品扩大销路吗?",答案就是"请在《宁波日报》刊登广告",之后还写明了具体的服务:"《宁波日报》免费为刊户代办全国各省、市报刊广告业务;代办广播、电视台、路牌广告业务。来电来函均可,本报上门服务。"①有效果的说明,有明显劝服性的措辞,这在广告恢复后属首次。

《宁波日报》有关广告的文章数量比较多,类型也比较丰富,比起《宁波报》以发现和探讨问题为主转向以指导为主,指导型文章主要包括问答式、相关政策与法规的刊登和解读、科普式三类。

《宁波日报》曾数次以问答的形式,回答了社会关心的有关刊登广告的一些具体问题。如 1983 年 1 月 8 日《宁波日报》"答读者问"刊登了《怎样刊登工商广告?》一文,回答了"在《宁波日报》刊登工商广告要办哪些手续?""想在外地报纸刊登广告,可否通过《宁波日报》代办?""出口产品如何进行广告宣传?"这三个问题。1987 年 9 月 22 日《宁波日报》第二版刊登了《如何办理报纸广告的刊登手续》一文,文章界定了广告,区分了经济广告与社会文化广告,然后给出了刊登广告的具体手续。1987 年 1 月 9 日《宁波日报》第二版刊登了《广告宣传费用如何开支》一文,是请市工商局负责人答记者问,主要解答了"企业的广告宣传费用开支范围怎样? 广告费可否列入企业成本开支? 支付广告费应该注意些什么?"这三个问题。类似的文章还有如《如何向海关办理进出口货样广告品报关手续》(《宁波日报》,1987 - 01 - 29,第二版)《如何在国外做广告》(《宁波日报》,1988 - 06 - 02,第二版)《如何申

---

① 请在《宁波日报》刊登广告,宁波日报,1983 - 03 - 12,第四版.

请经营临时性广告》(《宁波日报》,1988 - 08 - 03,第二版)《个体工商如何申请经营广告》(《宁波日报》,1988 - 08 - 16,第三版)等。这样的文章具体针对广告刊登的实际问题,给出详细的做法、步骤、注意事项等,实用性极高。

与广告相关的政策法规的刊登与解读也是相关文章中非常重要的一类,如《国家工商行政管理局、文化部、教育部、卫生部 关于文化、教育、卫生、社会广告管理的通知》(《宁波日报》,1984 - 04 - 17,第四版)《中宣部召集首都新闻单位座谈 坚决不登虚假、崇洋、低级的广告》(《宁波日报》,1985 - 07 - 12,第四版)《国家工商局和中国消费者协会提出 加强法制教育 杜绝虚假广告》(《宁波日报》,1985 - 08 - 06,第四版)《国务院办公厅发出通知 加强广告宣传管理》(《宁波日报》,1985 - 11 - 24,第四版)《中宣部和国家教委规定 不得乱登办学招生广告》(《宁波日报》,1986 - 01 - 26,第四版)《中央领导同志最近指出 登广告上电视是一条重要的经营之道》(《宁波日报》,1986 - 08 - 28,第五版)等。在 1986 年 7 月 31 日第八版全文刊登了原载 1986 年 5 月 31 日《解放日报》第一版的,上海市委书记芮杏文 1986 年 3 月 27 日在上海市广告协会成立大会上的讲话《把我们的广告业提高到一个新水平》,同时同一版面还刊登了《有感于市委书记谈广告》,原文转载与相关感想再加一则广告,占据了第八版整个版面。而对于重要的广告管理规章,报纸会全文刊登,如 1987 年 11 月 10 日第一版(转接第三版)全文刊登了国务院新发布的《广告管理条例》,之后还数次刊文对新条例予以具体解读。1988 年 12 月 28 日第三版全文刊登了《宁波市户外广告管理办法》,这是随着户外广告的发展而颁布的指导性的规则。无论是通知还是管理条例,政策法规方面的内容对于广告而言是根本性的原则,是广告应该怎样做以及不能怎样做的准绳,刊登此类文章不仅是党报的职责所在,同时也是广告健康、规范发展必要的指导,因此,此类文章占据一定的比例。

广告科普式的文章,主要包括广告发展情况和广告相关知识。广告发展状况涉及世界其他区域,特别是广告发达国家的广告发展状况及相关举措,还有各种媒介的广告情况等,如《商品经济发达国家广告费支出相当惊人》(《宁波日报》,1984 - 07 - 04 ,第五版)《广告业在改革之年蓬勃发展》(《宁波日报》,1986 - 12 - 06,第四版)《香港决定限制播入香烟广告》(《宁波

日报》,1986-12-06,第四版)《电视广告对人们的影响已居各类广告之首》(《宁波日报》,1988-01-09,第三版)等。

广告相关知识涵盖历史的、理论的、创意表现等各方面的内容,如《广告小史》(《宁波日报》,1985-06-15,第二版)《报刊上广告的由来》(《宁波日报》,1988-04-22,第二版)《〈清明上河图〉与广告》(《宁波日报》,1988-12-29,第四版)《广告应有点幽默》《广告要注重社会效益》(《宁波日报》,1987-03-05,第二版)等。在1986年1月16日第八版设置了"广告趣闻"专栏,涵盖多个新奇的广告案例:《广告做在地板上》《飞机在空中抛手表》《免费供应冷水》《广告带来香味》《梅真尼牛仔裤为何能打进美国市场?》,虽然并未做成连续性的专栏,但之后报纸上刊登的有关广告的文章数量在不断增加,类型也更趋多样化。这些文章对于当时宁波全社会,尤其是广告公司、企业、媒介等广告知识的普及和广告眼界的开拓起到了重要作用。

三、90年代中后期的《宁波日报》:广告知识百科园地

至90年代中后期,有关广告的文章越来越多,直至形成固定的连续型专版。

1994年5月24日第七版专版刊登了《提高广告水平,促进宁波发展——发展宁波广告理论研讨会发言摘要》,这一版面除三则广告外,其余均为研讨会的发言。研讨会是由《宁波日报》理论评论部和海曙区公关协会联合举办的,目的是让宁波广告界和企业界有理论的指导,从而促进宁波的发展,刊登的文章包括:《理论是广告的灵魂》《树立民族化的广告新形式》《塑造企业个性美》《坚持正确的经营宗旨》《整体策划——广告发展趋势》《兼顾时代感和民族风格》《广告人要加强自我修养》《自身建设是关键》《增强广告策划意识》《加强工商界与广告界的合作》《广告人的素质要求》《宁波广告要跨出国门》《报纸广告设计要上一层楼》《广告人的素质要求》等,发言人涉及高校、广告公司、企业和媒介相关部门的负责人。这也是《宁波日报》第一次专版刊登广告文章。

1994年10月5日9、10版中缝刊登了"广告文摘"专栏,《订报是为了看广告?》《做报纸广告合算吗?》《报纸广告的十大优点》等文章。同年10月10日和11月18日,中缝位置也有"广告文摘"专栏。

1996 年 9 月 19 日，《宁波日报》开办连续型广告文章专版《广告文苑》，每周一期。按照专版的介绍，目的在于"了解掌握广告界的动态和信息，介绍广告专业理论知识，探讨优秀广告运作案例……请广告人、企业家、广告读者参与交流、对话，开阔视野、扩大系统，创造利机。本专版欢迎各界踊跃来稿，介绍广告效应成功经验，谈谈做广告的体会……"①

第一期所刊登的文章包括：《关于宁波广告业发展的几点思考》《好商品更需做广告——"商品好不必做广告"说评议》《房地产业如何选择广告媒体》《读广告有奖的效应》《别出心裁的小天鹅营销创意活动》《报纸媒体的六大优势》《优秀广告作品欣赏》《广告好点子 1000 例》（本期六例），有理论分析、案例评析、作品欣赏，还涉及了热门行业的广告投放。于当时的社会，广告专业知识并不普及，获取专业知识的途径也还相对有限，报纸成为普及广告知识的百科园地，这虽然与广告是报纸重要的经济命脉直接相关，但客观上《宁波日报》成为在宁波社会普及广告知识的重要载体，于其他媒介广告和宁波广告业的发展都有重要的现实意义。

1999 年 1 月 11 日《广告与营销》专版取代了《广告文苑》，从专版名称就不难看出更加专业化的特征。专栏宗旨是"传导国际先进理念，培养宁波本土人才"，具体而言，是"一个媒体与企业紧密合作的理想印证、一个孕育本土现代广告与营销人才的摇篮、一个现代广告与营销的 MBA 基地。开办以下栏目：经典广告赏析、营销案例点评、实战兵经、名人沙龙、ICP 消费者形态与消费行为调查等。整合国内外最权威的专家网络资源，传导国际广告与营销的先进理念，希冀全方位地为本土企业提供企划咨询服务。"②第一期《广告文苑》刊登了如下内容：《复古，新商品过剩环境下的行销捷径》《紧紧抓住消费者的心理——"东晖花园"报纸广告赏析》《"看出一点真，看出可观人生"——眼镜 88 广告策略计划》《画入广告，情趣盎然》《1998 年宁波消费形态的调查》，涉及营销、策划、创意、调研等多方面的内容。之后的专版也是理论研究与案例分析兼备，有本土广告的情况，也有国际广告前沿，有当下的策略指导，也有未来发展趋势的展望，成为宁波广告发展最具普及性特

---

① 请大家告诉大家,宁波日报,1996 - 09 - 19,第九版.
② 倾力倾诚共创繁荣《广告与营销》专栏志庆,宁波日报,1999 - 01 - 11,第十一版.

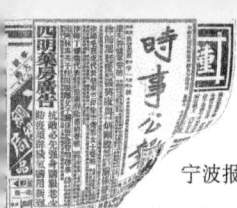

征的专业指南。

第二节　广告发展与广告的专业化

一、广告发展脉络梳理

在报纸和广告恢复后约四个月左右，也就是 9 月份，广告开始有了一些生活的气息，有了销售的意识，不再只是生活用品和工业品广告极为相似的商品展示形式。麦乳精、冰糖、汽水、雪糕等非必需品都开始生产，广告中还可见租车业务、保险业务、旅游服务、汽车配件、建筑公司等产品和服务，昂贵的耐用品电视机、收音机也常出现在新闻和广告中，咖啡馆、西餐广告也能够看到，启事中有了征婚、聘请奶妈的内容……无论新闻还是广告，商品使用了美观、多样、高级、精美、新颖、时髦等形容词汇。根据资料，"我国1980 年的社会商品购买力大约比 1979 年增加了二百亿元，是建国以来增加最多的一年。"[①]但直到 1983 年，广告数量没有明显增加，一天两则商业广告的时候比较多，节假日版面也没有增加。

以当时经济和广告的发展而言，广告数量并未突然迅速增多，是有多种原因的。首先，很多商品，尤其是民用商品还处在供应不足的情况，供不应求，对广告的需求自然不会特别高；其次，广告刚经历了数年的中断，先前积累下来的对广告的错误认知，让很多企业处于观望状态，这也在情理之中。

恢复中的广告，会因为不成熟而表现出较多问题，当时广告中常见的是出现消费者不易懂的型号、名词、数据等，如，宁波电热烘箱厂红白菱 H－IO型恒温恒湿空调柜、TD 型恒温干燥箱（《宁波报》，1980－06－24，第四版）；请使用春燕Ⅱ型电视机天线（《宁波报》，1980－09－21，第四版）；为您提供快乐牌洗衣机 XPB－2 型（《宁波报》，1980－10－12，第八版）；杭州国营 8300厂向您提供华美 2T1 型半导体管收音机（《宁波报》，1982－02－11，第四版）等。而"服务四化""实行三包"等套话在广告中也很常见。如金星电视机广

---

① 我国社会商品购买力大幅度增加　1980 年是建国以来增加最多的一年，宁波报，1981－01－09，第四版。

告中就提供了多个商品数据性的型号,于普通消费者而言,这些型号并无价值。

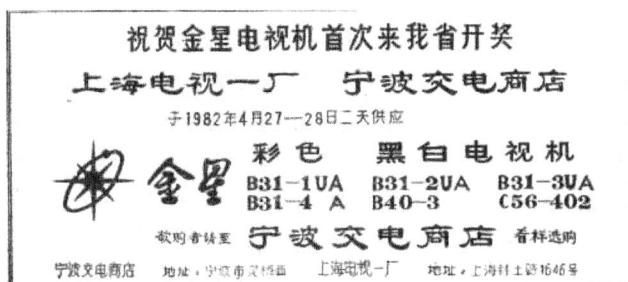

图 8-1 金星电视机广告①

到 1984 年底,广告数量小有增加,商业广告由之前的 1～2 则增加到 3～4 则,仍然是以文字为主的广告居多。之后,随着经济的发展,报纸增加了经济信息,同时也增设了广告专版,如 1985 年 4 月 4 日,第六、七、八版为全广告版面,1985 年 5 月 1 日六、七版,1985 年 8 月 15 日六、七、八版等均是全广告版。有些天第八版为乡镇广告,版面中有很多乡镇企业发展情况的图文,介绍性的内容,非严格意义上的广告,形式的规范暂且不论,广告服务于地方经济发展的意识还是非常鲜明的。

广告恢复后,经历了较长一段时期的朴素表现阶段,以文字为主,主要通过字体字号差异和留白排版,偶有配图,主要是商品图和商标图,节假日或庆贺广告会有少量装饰图。除了伴随经济信息出现的整版广告外,1987 节假日报纸不增加版面的时候,也会有整版广告刊登。

80 年代末 90 年代初,广告表现趋于生动和多样化,图文两方面都有体现。不仅图的数量有增加,种类也多元化,除了之前的商品图外,建筑图、位置图、动物图、装饰图等都有运用,另外兼具信息传达和氛围营造的图开始增加,如月饼广告中的兔子、饭店圣诞节广告的雪屋和圣诞老人等,让广告的表现具有了明显的情感色彩。90 年代初,广告中部分文字开始加黑色背景或使用阴影、立体等效果,排版也显现出和启事的区别,更注重差异化,也

---

① 金星电视机广告,宁波报,1982-04-26,第四版.

更容易吸引视线。此时多数广告中的文字依然是比较多的,但部分开始趋向于简洁化。除了形式的进步外,广告文案也具有一定的谋划意识,体现出策略性的思考,不再是简单的平铺直叙,如 1988 年 2 月 5 日第三版蝴蝶系列化妆品定位为"国内第一套中老年化妆品";1992 年 7 月 23 日第四版江东海味世界酒楼广告"日场爆满,增辟夜宵",不仅说明了受欢迎的程度,同时告知新增服务;1992 年 5 月 30 日第三版太阳神口服液广告"太阳神的作用,夏天尤胜一筹",说明了自己的保健品四季皆宜,而夏天效果更好;1993 年 7 月 25 日第五版空调广告中出现了"柔柔的冷风 甜甜的美梦"这样相当有意境的广告标题。1994 年 2 月 3 日第五版珍珠口服液广告声称"我们来迟了!在珍珠口服液行列中,我们只是第二种选择",其中有着明显的学习西方企业"比附定位"策略的思路。90 年代中后期,广告表现更是趋于多样。

图 8-2 喜盈门月饼广告①　　　　图 8-3 宁波饭店广告②

　　1993 年,刊登经济信息的时候版面会有六版,周末则增加到八版,之后报纸版面常有增加,通常版面增加的时候,都会有单独的广告版面。1990 年 1 月 1 日报纸扩版为三大张十二版。值得一提的是,1995 年 6 月 1 日,为庆祝《宁波日报》复刊十五周年,当天报纸版面多达 24 版。广告的增加是报纸版面增加的重要原因之一,增加较为明显的类别通常都是当时最为热门的行业,报纸也就顺势推出了相应的专栏或专版,集中刊登。如,1996 年开办

---

① 喜盈门月饼广告,宁波日报,1990-08-25,第三版.
② 宁波饭店广告,宁波日报,1990-12-20,第三版.

"美食世界"专栏广告;1997 年推出"建材天地""电脑、通讯、办公用品""购房指南""现代生活服务"等广告专版;1998 年推出"计算机通信设备专业维修""名特优新产品""旅游""优惠券"广告专栏;1999 年,"购房指南"升级为"住宅产业",同年还推出汽车广告专版。另外,还有性价比较高的分类信息、报花广告等,满足不同企业多样化的需求。1999 年,报纸推出了中缝刊登的、针对个人送祝福的"温馨专递、生日快乐"专栏。伴随着广告数量的增加和广告发展的成熟,广告表现更具变化性和个性化,可谓异彩纷呈。报纸广告也在 20 世纪末至 21 世纪初达到发展的顶峰,然后进入到多种媒体激烈竞争的时代。

二、展销会与广告

在广告恢复之初的报纸上,经常可见各类商品展销的信息,展销会成为展示、交流、销售商品的重要方式,而与展销会相伴随的,是恢复后的《宁波报》迎来了第一次初具规模的报纸广告刊登。

(一)展销会:商品销售的重要方式

根据《宁波报》1980 年 7 月 28 日有关商业工作的文章,工作的一个重点就在于积极开展专业性的商品展销,"为了搞好扩大销售,据百货、烟糖、饮食、五金、食品五个公司的不完全统计,上半年专业性商品展销的有:童装、丝绸、呢绒、服装、凉鞋、风扇、灯具、糕点、糖果、瓶酒、冷饮、糕团、菜肴、肉类,以及各种烧饼等 40 多种。由于认真准备,确有实货展销,它有利于扩大销售,有利于改进商品陈列,有利于扩大花色品种,有利于宣传经济形势,也有利于丰富市场、改善市容,受到消费者欢迎。"[1]从中不难看出,展销涉及的行业和商品类别非常丰富。

1980 年 10 月 10 日举办了宁波市地方产品选样订货交流大会,交流大会有多种目的,包括"看样选购,协作调剂,补偿贸易,加工订货,互通有无,联营合营"。交流物资的范围包括工业品和日用品,种类较多,虽然交流会从 10 日至 21 日以交流为主,22 日才开始销售,但从销售效果来看,达到了很好的成交额。"省二轻产品看样订货会本月 20 日在杭州开幕。到 22 日为

---

① 购销两旺 方便群众 促进生产 努力把商业工作搞活,宁波报,1980 - 07 - 28,第一版.

止,宁波地区成交额1 313万元,为全省九个地区首位,宁波市也以406万元的成交额,在杭、宁、温三市中(均不包括所属县)占领先地位。宁波地区的二轻所属企业,原来有42%是生产机械产品的,今年调整了生产方向,降至20%以下,并生产人民生活急需的台钟、火表、落地收音机、针织内衣、纺织品等轻纺、电子工业产品。以火表和电风扇为主的家用电器产品占全区总成交额的60%,服装占总成交额的25%。订货会上宁波地区的新产品也比较多,有自动点火的液化气灶具,腈涤纶被胎,自开折伞,腈纶节约领,袖珍弹簧秤等等。由于产品适应了市场需要,订货会上头三天的成交额已经相当于该地区在今年春节省二轻展销会上的全部订货金额。"①这其中不仅能看到很高的成交额,还能够发现日用品日益受到重视,这与广告中开始逐渐由机械、生产显现出生活的气息相吻合。而交流会闭幕的数据既说明了规模,也说明了效果,"来自全国27个省、市、自治区的1 300余名代表应邀参加了大会,签订了近2 000份合同,成交金额达4 700多万元。……交流会展出了12 000余种五光十色的地方工业产品。"②

以销售为主要目的的展销会在1986年左右逐渐增多。

(二)展销会广告:恢复后广告首次"初具规模"

正是在1980年10月宁波市地方产品选样订货交流大会时期,《宁波报》和宁波的报纸广告迎来了恢复广告后第一次颇具规模的广告刊登。

1980年10月10日,在报纸常规的四版之外,另有四个版面刊登宁波市地方产品选样订货交流大会的相关广告,而常规四版除电影和戏曲外,另有两则广告,一则就是关于交流大会的,占约四分之一版面。增加的四版全部都是广告,其中有三版是整版的广告,包括二轻工业产品介绍、宁波市塑料皮革工业公司产品介绍、宁波交电产品介绍,还有一个版面刊登有宁波中药制药厂、宁波铝制品三厂、宁波铝制品二厂三则广告,均图文并茂且商品图众多。刊登三则广告这一版最下方还写着"宁波市地方产品选样订货交流大会广告专页"的字样。值得一提的是,刊登在第八版上宁波交电产品的广

① 陈卫宁,在省二轻产品看样订货会上 宁波区、市头三天成交额全省领先,宁波报,1980-10-25,第一版.
② 李枰,市地方产品选样订货交流大会闭幕,宁波报,1980-10-27,第一版.

告,下半部分是各厂和产品名,上半部分一张配图,女士坐在有吊扇、台式风扇、录音机、沙发等物品的房间里看书,美好生活跃然纸上,而两边竖排版的文字,与"为四化建设服务"相对的是"为人民生活服务",之后,服务于生活的产品越来越丰富,广告中也有了更多的生活气息。

图8-4　宁波交电产品广告(局部)①

之后的 10 月 11 日、10 月 12 日,除常规版面外,广告都有连续四个版面,13 日至 18 日,广告则额外有两个版面。广告与展会相辅相成,相互促进,成就了恢复广告后第一次刊登的小高潮。

1986 年之后的展会,销售的功能才得以凸显。在 20 世纪 90 年代末期宁波国际服装节举办前,报纸提前预告展会期间广告版面紧张,提醒企业做好准备。展会期间,相关企业的广告数量会增加,广告始终与展会相伴,成为企业和展会宣传的重要方式。

三、特别的销售方式:分期付款

针对一些比较昂贵的耐用消费品,销售方联合银行推出了分期付款的方式,这在当时的新闻和广告中均可见。如 1980 年,五金交电化工公司与人民银行镇海县支行合作,"凡城镇在职职工,只要经本人申请、单位介绍、担保,就可到县支行信托部购电视机专项信托无息借款四百元。凭证可购广州牌或金鹿牌十二寸黑白电视机一架。借款由担保单位从借款者工资中每

———————————
① 宁波交电产品广告(局部),宁波报,1980-10-10,第八版.

月扣还二十元,二十个月还清。如提前还清者,可予以奖励。"①东风无线电厂12寸黑白电视机,"凭工会或单位介绍信,分期付款方式:第一次先付40元,以后每月以25元付款,一年付清。"②根据相关新闻报道,"12寸天马牌黑白电视机、春风牌收音机、24寸海狮牌自行车、鲁南牌缝纫机以及部分收录机"③等五种耐用消费品可以分期付款。"市五交化公司从七月一日起,试行甬产天马牌电视机分期付款的销售方法,受到消费者的欢迎。仅上半个月,该公司销售了一千八百二十九台,比上半年的总销量还多两倍。"④在当时,分期付款主要是以职工所在单位作为担保方,分期付款成为高档耐用消费品扩大销售的有效方式,提前消费也提高了人们的生活水平,可谓多方受益。直至今日,分期付款依然是价格较高的商品常用的销售方式。

四、广告进入专业化发展阶段

(一)广告专业会议的召开

有较多广告的专业性会议对推动广告业的发展也起到了重要作用。根据《宁波日报》的相关信息,1983年召开的有"第二次城市报纸广告经验交流会""全国广告管理干部会议""上海经济区首次广告业务交流会"等。其中,1983年11月7日上海经济区首次广告业务交流会是在宁波召开的,这不仅释放了宁波经济和广告发展的信号,还带来了报纸较大规模刊登祝贺类型的广告,一天报纸有连续三个版面整版都是祝贺性广告。专业性会议的召开,对于广告经验的交流、经济信息的沟通、广告公司间的协作都具有重要意义。

1984年12月6日,在宁波召开了宁波市广告公司、宁波人民广播电台广告业务联席会议,专业广告工作者、画家、企业家等三百余人参会,目的是"加快宁波进一步对外开放,搞活经济,美化市容,开拓具有宁波地方特色的广告事业"⑤。此后,专业类型的会议逐渐增多,成为广告理论研究、问题探

---

① 俞亦平,镇海对个人购买电视机试行专项信托贷款分期付款办法,宁波报,1980-12-12,第一版.
② 宁波东风无线电厂广告,宁波报,1981-10-26,第二版.
③ 华山,五种耐用消费品可以分期付款,宁波报,1982-11-20,第二版.
④ 分期付款惠及众家,宁波报,1982-07-31,第二版.
⑤ 杨言、大建,广告业务联席会议昨天召开,宁波日报,1984-12-07,第一版.

讨、发展探索的重要契机。

（二）越来越多的广告公司成立

在《宁波日报》上，可见市县或专门服务于某类媒介的广告公司，如宁波市广告公司、宁波市广告装潢设计公司、鄞县万令广告公司、鄞县灯箱广告公司等，数量的增多与类型的多样，成为广告专业化发展的重要标志。

在1984年宁波市广告装潢设计公司的广告中，可见其提供的服务包括："路牌、霓虹灯、橱窗、报刊、海报、电影、电视、广播、船舱车厢、铁公路沿线民墙等商业广告；产品商标设计、样本设计、包装设计；商品展览设计布置、商店装潢设计；招牌写字、资料誉影、产品喷绘。"①虽然广告才恢复不久，但广告公司的服务已经非常全面，媒介类型也极其多样。

仅1985年一年时间，就有宁波市广告商标服务中心、宁波江东广告公司、宁波广告公司象山分公司、宁波甬达广告美术公司、浙江省余姚县广告公司等多家开业或成立。这些公司都会在报纸刊登恭贺类的广告，通常占有较大的版面，反映了作为专业广告经营单位的宣传意识。当然，数量的增加仅仅是基础，宁波的广告业从量变到质变，依然有漫长的路要走。

（三）广告协会的成立

1987年5月15日，宁波市广告协会成立，宁波市的广告界自此有了自己的行业组织。广告协会的成立，对于广告管理、广告经营、广告理论与业务探索都有着积极的作用。

在宁波市广告发展历程中，《宁波日报》相关报道的数据记录了广告经营单位、从业人员数量、营业额等的逐年增加：

到1986年3月，宁波市已有四十三家广告经营单位②。

至1987年5月，"我市已有广告经营单位50家，广告从业人员700余人，广告年营业额达到580多万元。"③

到1988年1月，宁波市有"广告经营单位57家，从业人员649名，年营业额812.6万元"④。

---

① 宁波市广告装潢设计公司广告，宁波日报，1984-02-04，第二版．
② 冯军，我市清理整顿各类广告，宁波日报，1986-03-17，第一版．
③ 书伦，我市广告协会昨成立，宁波日报，1987-05-16，第一版．
④ 汉民，广告业在改革之年蓬勃发展，宁波日报，1988-01-21，第二版．

至 1988 年 7 月底,"全市经批准的经营单位已扩展到 63 家,上半年营业额达 564.6 万元,比去年同期递增 82%。"①

1989 年,"我市广告经营单位已发展到 74 家,从业人员近千人,广告经营额达 2 059 万元,比前年增四分之一"②。

1994 年,"全市广告经营单位已有 469 家,比上年增长 43%;广告营业额达 2.2 亿元,增长一倍;广告从业人员 5 499 人,增长 44%。我市去年的广告业还呈现出四大特点:一是多种经济成分进入广告市场。二是广告公司服务全面化,不仅为企业安排媒体,还开始进行市场调查、营销策划等。三是广告媒介载体增多,传递速度加快。四是前来我市发布广告的国内外企业明显增加。"③

到 1995 年底,"广告经营单位已有 564 家,从业人员有 6 087 人,广告营业额达 3.06 亿元"④。

1998 年,"我市的广告营业额达到 4.35 亿元,比上年增长 12.4%。……全市现有广告经营单位 637 家,广告从业人员 6 341 人。至今,我市已有 6 家广告公司被省工商局评为 A 级以上企业。其中广告美术公司和友谊广告公司被评为 AA 级企业。"⑤

第三节 从广告看党报的服务性

作为一段时间中唯一的区域性大众化报媒,党报在基本的党性原则指引下,拥有多方面的功用,其中重要的功能之一就是经济功能。通过刊载新闻与广告,党报在传递经济信息、沟通产销、促进商品销售及推动经济发展方面有着不可取代的作用。尤其在广告经历过完全被否定和消逝的阶段,

---

① 郑黎、晓黄,市广告协会开展行业管理 广告事业有了健康发展,宁波日报,1988-08-06,第二版.
② 黄行舫,我市广告宣传逐步走上正规之路,宁波日报,1990-01-11,第一版.
③ 水上飞,我市广告去年营业额达 2.2 亿元,宁波日报,1995-01-13,第二版.
④ 严益初,关于宁波广告业发展的几点思考,宁波日报,1996-09-19,第九版.
⑤ 竺忠利,我市广告业稳步发展,宁波日报,1999-01-10,第二版.

经济尚处于恢复期，这项功能就显得尤其重要了。党报在经济功能发挥过程中，做出了很多探索，虽然也存在着不规范的情况，但从中也不难看出党报的服务性。

一、不规范的形式：广告式的消息

广告恢复初期，出现过一些形式是新闻、内容却很像广告的不规范的形式，举其中的几例：

"红灯牌"衬衫①

宁波服装一厂生产的红灯牌衬衫，采用涤棉、全棉原料制成。近一年多来该厂共设计各式男女服装式样近四十种，已有 20 件投放市场。

红灯牌衬衫的领头很有特色，不仅式样多，而且做工考究、穿着舒适。他们精心选用各种涤棉领衬和树脂领衬，并在领头角尖装上薄膜尼龙插片，从而使领子挺括，做到耐洗不走样。

这则署名的资料性文章是刊登在《杭州红峰商店的红灯热》这则消息旁边的资料，文字中介绍了产品的材质、多种式样以及产品突出的优点，"样式多""做工考究、穿着舒适"都是我们经常在广告中可见的表述。

宁波市照相业决定"六一"节儿童摄影八折优待②

我市照相业决定："六一"节那天，儿童摄影八折优惠，并规定可提前几天取照。

各店还为学校、幼儿园特约上门拍照；绿宝、红光两家照相馆，"六一"那天在中山公园、滨江花园专设儿童摄影点；东海、天胜、绿宝等照相馆，还为儿童增加了花色照和各种布景照。

在这一则消息中，虽然是有关行业的节日促销，但店名、推出的特别服务、折扣等信息，依然有广告的感觉。

商品介绍：宁海"莱特"胜过"迪宝"③

宁海县光仪厂最近试制成功"莱特"120 普及型相机，在本市东海照相馆试销。它仿照由香港提供零件、广州组装的"迪宝"照相机试制，经浙江大学

---

①　周慧珍，"红灯牌"衬衫，宁波报，1981 - 03 - 25，第二版.

②　叶云，宁波市照相业决定"六一"节儿童摄影八折优待，宁波报，1981 - 05 - 30，第二版.

③　戚葛宇，商品介绍：宁海"莱特"胜过"迪宝"，宁波报，1981 - 10 - 17，第二版.

光仪系进行对比测试,"莱特"的清晰度明显优于"迪宝"。每架售价 28 元。

这种普及型照相机使用方便,价格低廉,还可以配用闪光灯,以保证室内摄影的质量。用该机拍摄的照片可供放大用,尤其适宜业余摄影爱好者和初学者在旅游中拍摄风景照。

写出具体价格,强调商品优点,大部分语言仍然是广告式的推销语言。

选购"飞翼"仿皮凉鞋谨防假冒[①]

最近,发现有人在市场上推销冒牌"飞翼"仿皮凉鞋,请勿上当。

塑料一厂今年生产的"飞翼"仿皮凉鞋,采用托底、发泡大底和薄橡胶底三层胶合而成,帮面结实,由宁波百货站经销;假"飞翼"多系用残次托底和大底两层粘合而成,帮面单薄,售价为 4～5 元左右,比真"飞翼"每双便宜1～2 元,一般在大街上设摊推销。消费者在购买时,务注意区分。

市工商局正在查处此事。

有关假冒的信息,却在细节上介绍了商品,包括材质、价格和经销单位,很多语言也不是新闻应该使用的。

以上仅是其中的几例,在当时不能算个例,还有如《甬城快讯:"天文"牌台钟今起调低价格》(《宁波报》,1981-12-12,第一版)《"天马"凌空起飞驰六省、市》(《宁波报》,1982-04-17,第一版)《招宝山牌电扇销路旺》(《宁波报》,1982-07-20,第二版)等,都是既像新闻又像广告的不规范形式。1985年1月13日《宁波日报》第六版《邱隘镇特刊》上还有"广告新闻"这样很奇怪的专栏称谓。90年代以后,广告逐渐走向规范化,这样的现象才趋于消失。1996年《宁波日报》刊登了《禁止用新闻形式进行企业形象广告宣传》,文章认为:"报纸必须严格执行新闻出版署的有关规定,不得用新闻形式进行企业形象广告宣传。……报纸版面或栏目设置'某某专版''某某专刊''企业形象';在体裁上采用消息、通讯、专访;在标题上采用新闻标题的制作形式等等。这种将广告作新闻处理的做法,混淆了广告与新闻的区别,对读者易造成误导,严重违反了《报纸管理暂行规定》中'严禁以新闻形式刊登广告,收取费用'以及《中华人民共和国广告法》中'大众传播媒介不得以新闻报道形式发布广告''广告应当具有可识别性,能够使消费者辨明其为广告'等项

---

① 朱祥甫,选购"飞翼"仿皮凉鞋谨防假冒,宁波报,1982-07-03,第二版.

规定。……刊登任何形式的广告均应用明显的广告形式刊出，或在广告的明显位置注明'广告'字样。"[①]

对新闻与广告的认知和区分不明显，提供的是有关产品的信息，而且通常也都是新的信息，就有了这些现在看上去不伦不类的广告式讯息。这虽然是广告不专业、发展不规范的表现，但在广告数量有限的时期，党报本着服务经济和消费者的立场，提供对消费者而言是新的，也是有相当价值的市场信息，有不规范的情况，也属情理之中。

二、市场专栏与地方、产品专版

1984年6月16日《宁波日报》刊登了《"市场点滴"实行收广告费启事》，启事中有如下说明："《宁波市场》的'市场点滴'和'廉价商品'，属广告性专栏，……适当收些广告费是合理的。为此，特作如下规定：凡录用的'市场点滴'和"廉价商品'稿件，每篇收广告费一至二元；'市场点滴'和'廉价商品'稿费按原标准照发。"[②]"市场点滴"栏目采用纯文字形式，明示商品和价格，多款商品不做类别区分，集合于一个栏目中。收取广告费同时发放稿费，依然可见广告发展的非专业和非规范的特点。

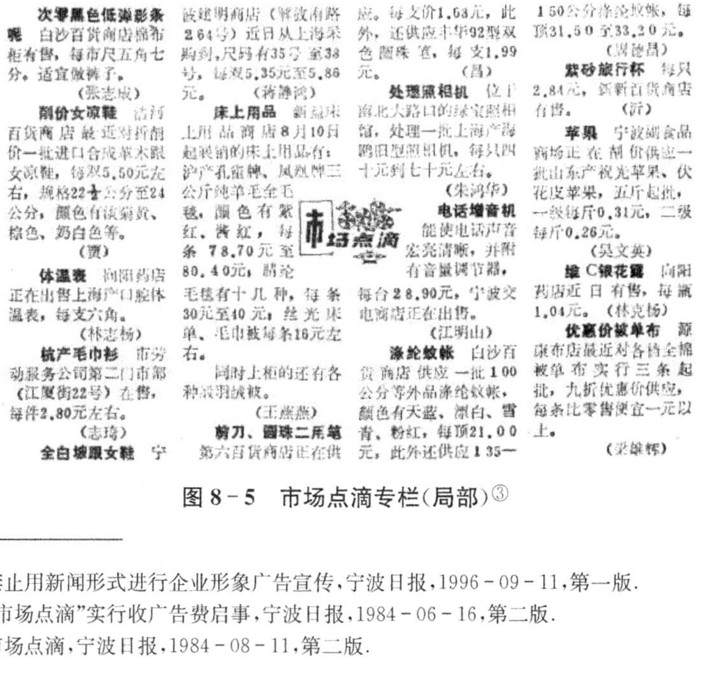

次零黑色低弹彩条呢　白沙百货商店棉布柜有售，每市尺五角七分。适宜做裤子。（张志成）

削价女凉鞋　浩河百货商店最近对折削价一批进口合成革木跟女凉鞋，每双5.50元左右，规格22½公分至24公分，颜色有淡菊黄、棕色、奶白色等。（贾）

体温表　向阳药店正在出售上海产口腔体温表，每支六角。（林志杨）

杭产毛巾衫　市劳动服务公司第二门市部（江厦街22号）在售，每件2.80元左右。（志琦）

全白坡跟女鞋　宁波建明商店（解放南路264号）近日从上海采购到，尺码有35号至38号，每双5.35元至5.86元。（蒋静鸿）

床上用品　新益床上用品商店8月10日起展销的床上用品有：沪产孔雀牌、凤凰牌三公斤纯羊毛全毛毯，颜色有紫红、酱红，每条78.70元至80.40元；腈纶毛毯有十几种，每条30元至40元；丝光床单、毛巾被每条16元左右。

同时上柜的还有各种羽绒被。（王燕燕）

剪刀、圆珠二用笔　第六百货商店正在供应。每支价1.63元，此外，还供应丰华92型双色圆珠笔，每支1.99元。（昌）

处理照相机　位于南北大路口的绿宝照相馆，处理一批上海产海鸥旧型照相机，每只四十元到七十元左右。（朱鸿华）

市场点滴

电话增音机　能使电话声音宏亮清晰，并附有音量调节器，每台28.90元，宁波交电商店正在出售。（江明山）

涤纶蚊帐　白沙百货商店供应一批100公分等外品涤纶蚊帐，颜色有天蓝、漂白、雪青、粉红，每顶21.00元，此外还供应135—150公分涤纶蚊帐，每顶31.50至33.20元。（贺德昌）

紫砂旅行杯　每只2.84元，新新百货商店有售。（浒）

苹果　宁波副食品商场正在削价供应一批山东产祝光苹果、伏花皮苹果，五斤起批，一级每斤0.31元，二级每斤0.26元。（吴文英）

维C银花露　向阳药店近日有售，每瓶1.04元。（林克杨）

优惠价被单布　源康布店最近对各档全棉被单布实行三条起批，九折优惠价供应，每条比零售便宜一元以上。（梁雄辉）

图8-5　市场点滴专栏（局部）[③]

① 禁止用新闻形式进行企业形象广告宣传，宁波日报，1996-09-11，第一版.

② "市场点滴"实行收广告费启事，宁波日报，1984-06-16，第二版.

③ 市场点滴，宁波日报，1984-08-11，第二版.

1987 年之后的"市场点滴"不再明示价格，更多突出的是新品上市、新品到店的相关信息，专栏一直持续到 1997 年。

1985 年，《宁波日报》推出了乡镇广告、地方产品广告专版，如 1985 年 1 月 13 日报纸第五、六版是"邱隘镇特刊"，特刊中，广告占约一半版面，另外一半则是企业产品介绍性文章，图文并茂，起到的也是广而告之的作用。对于这样的专版，也有相应的刊登后效果反馈的信息，如《〈乡镇广告〉是沟通信息的渠道"东方牌"落弹球台订货活跃》一文称："7 月 4 日，《乡镇广告》海曙区西郊乡专版刊登了市海曙钢木家具厂生产的'东方牌'落弹球台的广告后，不到一星期的时间，市明星艺术公司、大昌布厂、万信纱厂、和丰纺织厂、化机一厂等单位就慕名前往该厂订购了七台。"①

在 1986 年《地方产品广告》专版向城乡企业致谢的广告中，明确写出了专版的目的："本专版面向全市城乡，旨在扩大企业影响，传递产品信息，沟通工商联系，促进工商业的发展。"同时介绍了专版的特点："①介绍全面：详尽地介绍企业的生产规模和生产能力，具体介绍产品的品种、规格、工艺特点等等，使客商对该企业的全貌有比较完整的了解；②组版灵活：既可由一家企业独居版面，也可由几个企业组合成版（尤适宜于乡镇企业），图文并茂，生动活泼；③传递迅速：本版每星期四出刊，发行量近十万份，传播面广；④便于保存：既可作企业内部永久性留存的资料，又可在订货会上赠送客户，交流信息（本报可加印），一举两得。"②由此可见，专版功能丰富，不仅能够对企业产品进行广告，还是地方经济发展成就的集中展示，专版的规划体现出党报服务于地方经济发展的鲜明立场和突出价值。

1986 年 3 月 20 日第六版是"宁海城镇工业掠影"，以"跃龙山下绽新花"为专版主题，介绍了宁海服装四厂、宁海医疗药械厂、宁海友谊无线电厂、宁海金属压铸厂、宁海日用精细化工厂、宁海洗衣机总厂、宁海红旗塑料厂、宁海电器配套厂、宁海家用电器三厂、宁海城关铸造厂等十家工厂生产的产品，包含产品、工艺、优势、地址、电话等信息，图文并茂。图包括生产图、机器设备图、厂领导工作图、产品图等。1986 年 5 月 1 日六七版是奉化专版，

---

① 冯选忱，"东方牌"落弹球台订货活跃，宁波日报，1985－07－25，第二版.
② 本报《地方产品广告》专版谨向城乡各企业致谢，宁波日报，1986－03－13，第七版.

以"锦屏山麓新葩朵朵"为主题;1986 年 7 月 17 日第八版是宁波市江东区东郊乡专版,主题是"振兴中的东郊工业";1986 年 11 月 16 日第八版是慈溪专版等。除了区域多家企业的集中展示外,还有单独企业专版,如 1986 年 6 月 26 日第八版是宁波炼钢厂专版。专栏、专版成为当时报纸服务地方经济发展的一大显著特色。

值得一提的是,在 1996 年,《宁波日报》还推出了极具公益性质的"扶贫信息"广告专栏,专栏针对特定贫困地区,免费为其刊登经济信息。启事中声称:"今年正值国际扶贫年,为了让外界能及时了解贫困乡镇可供合作的经济信息,加快脱贫步伐,为我市扶贫工作做一点实际贡献,本报决定在广告版面中开设'扶贫信息'专栏,并免费刊登,具体实施办法如下:①'扶贫信息'发布对象为市重点扶持的 15 个贫困乡镇和三个片,即:宁海茶院乡、胡陈乡、双峰乡、深甽镇、桑洲镇、前童镇、岔路镇、余姚四明山镇、大岚镇、鹿亭乡、梁弄镇、奉化大堰镇、斑溪镇、斑竹乡、董李乡、余姚市梁辉镇芨湖片、奉化市溪口镇东岙董村片、宁海县城关镇水车片及所属村。②发布内容为上述乡镇的农副产品、矿产资源、工业产品供需和招商引资、征求合作等。③刊登办法为:凡这些乡镇可把欲刊登的广告送到市老(贫)区办盖上公章,经本报广告部按广告法审稿后,统一安排日期、版面予以刊出,收到效益后如需重复刊登,则第二次起可享受对折收费优惠。"①针对特定贫困地区的免费经济信息刊登,服务对象明确,服务目标清晰,是党报为扶贫做出的非常具体和实际的工作。

1998 年,针对下岗人员再就业工程,《宁波日报》推出为下岗职工免费刊登求职广告的服务,"为进一步推动再就业工程,为下岗职工重新上岗提供有利条件,本报广告部推出'下岗职工求职'专栏广告。凡本市区内的下岗职工,均可免费刊登求职广告。来稿务请写明您的姓名、年龄、学历、地址、联系电话、技术特长、工作经历、求职意向,并随带下岗证明、学历证书原件和复印件及身份证等,来宁波市公园路 19 号宁波日报广告部办理手续。本

---

① 关于免费刊登"扶贫信息"广告的启事,宁波日报,1996-03-30,第四版.

报将根据来稿先后安排一定的版面,免费给予刊登。"①下岗是 20 世纪 90 年代末在社会引起极大震动的事情,改变的不仅是职业,更是观念,媒介推出了相应主题的公益广告以及针对下岗人员的免费求职信息刊登服务,这也是党报服务意识的体现。

三、公益广告的助推器

1995 年,《宁波日报》推出公益广告。根据刊登在 1995 年 11 月 6 日《宁波日报》的文章《本报推出公益广告》②的内容:《宁波日报》最近推出公益广告:"宁波是我家,整洁靠大家""做文明市民,守'十不'规范"等宣传公益事业的文字配上精心设计的画面,使人耳目一新。《宁波日报》发行量大,覆盖面广,广告宣传效果好。为配合我市的文明卫生城市建设,尽管本报广告版面紧张,报社还是以考虑社会效益出发,决定挤出广告版面,定期刊出公益广告。目前,报社正在与有关部门联系,准备让更多企业参与公益广告的策划、刊出。从文章可以看出,宁波公益广告起步的主题是与城市文明相关的,是立足于城市发展和进步立场的,立意很高。

1995 年底,由宁波市委宣传部牵头,举办了宁波市首次公益广告拍卖活动,主题是"爱我东方大港、创建港城文明",活动通过拍卖,发动企业参与公益事业,企业也通过这种形式,获得了展示自己的新途径。"以'拍卖'的形式宣传'公益广告',是在市场经济条件下,将精神文明建设与物质文明建设有机结合的一种尝试。通过拍卖活动,让'公德'意识深入人心,在市民中形成一个自我约束互相监督的良好环境,营造一个讲道德、爱文明的社会氛围。同时,由'公益广告'拍卖产生的经济效益,服务于公益事业,应用于精神文明建设。……本市这次拍卖活动推出的公益广告将紧密联系宁波港口城市的特点,把公共道德规范及对公共利益自觉维护的要求作为主要内容,推出爱护公物、敬老爱幼、文明经商、礼貌礼仪及建立和谐人际关系等 40 余篇作品,以某种创意予以设计,力求时代性、情趣性和可观性的有机结合,并

---

① 本报广告部愿为再就业工程办实事 免费为下岗职工刊登求职广告,宁波日报,1998-06-04,第十二版.

② 本报推出公益广告,宁波日报,1995-11-06,第一版.

通过各种传媒进行表现。"①相关部门、媒介、企业多方的共同参与,使得宁波市第一次大规模的公益广告活动取得了很好的效果,"(1995年12月)19日下午,我市首届公益广告拍卖会29件拍品拍卖成功,总成交额达到79.69万元。……这是我市今年创建港城文明的重要内容,本次活动所获收入除去广告成本费和活动成本外,全部用于我市公益事业。拍卖会显示了甬上企业家强烈的公德公益意识。参拍的企业达30余家之多,大部分有备而来。……东湖宾馆以16.5万元的价格力拔头筹,创下了本次拍卖会的最高价。此后,美乐门、卓氏集团、晶都酒店等单位也举牌频频,并分别获得两三件拍品。我市一些公用企业也在拍卖会上体现了自己的社会责任感。市自来水公司以当仁不让的姿态拍得了一则呼吁保护水资源的电视广告。将在本报刊登的13件公益广告作品被企业界一拍而空。按照预定计划,本次拍卖成功的29件公益广告作品将陆续在我市主要新闻传媒和主要路段上发布。"②较之于其他媒介,《宁波日报》的优势在于,不仅在活动宣传、广告创意、广告发布方面作为主要参与方,同时还通过刊登公益广告的相关文章,让社会对公益广告及其价值有更为全面和深刻的了解。

　　1996年末,宁波市举办了扶贫公益广告拍卖活动,同样取得了成功,"(1996年12月23日)下午,由市老区办、市工商局、宁波电视台、宁波晚报联合举办的扶贫广告拍卖会经过近2小时竞拍,11家单位最终获得21条广告作品版权和发布权,拍卖总金额达106.6万元。……第一件作品《宁波日报》'希望篇'起拍价为6 000元,十几家企业争先恐后举起号牌……,经过十几个回合,来自台湾的老蔡食品公司终以10万元夺得首件拍品。紧接着,中外合资达吉房产有限公司又以22万元买下第二件作品电视广告'理想篇',创下了本次拍卖会的最高价。金诚集团、长乐集团华隆实业公司、光耀企业、秀和编织品公司也不甘示弱,竞相举牌,场上高潮迭起。鄞县种粮大户竺强国、望湖桥市场百货经营者孙振耀也以个人身份多次举牌参与竞拍。据了解,我市贫困地区目前人均年收入在600元以下的还有4 000户近1万人。这次拍卖活动的所有收入扣除活动费用和广告成本后,将全部用于扶

---

①　邬征宇,"公益广告"拍卖与文明建设,宁波日报,1995-12-02,第五版.
②　竺忠利、李可,我市首届公益广告拍卖活动圆满结束,宁波日报,1995-12-21,第一版.

贫事业。企业通过积极参拍,也树立了自身形象。"①公益广告虽是广告中的后起之秀,却因其良好的社会效益而获得多方支持和参与,发展迅速。"在1996年下半年我国广告业的发展中,公益广告作为一种特殊的广告形式异军突起,特别是在国家工商局倡导和掀起的九月'中华好风尚'主题公益主题月期间……全国共制作发布各类公益广告16 860件,其中电视广告4 582条,播放137 460次;广播广告2 749条,播放8 2470次;报刊广告4 123条;户外广告5406条;招贴广告50多万张。……据有关部门统计,目前,全国已有30多个城市电视台开办了公益广告栏目,70多家报纸也开始不定期地刊登公益广告,这在社会上具有相当大的导向作用。"②

1997年至1998年,"自强创辉煌"、下岗再就业、抗洪抢险这些规模较大的主题公益广告,媒介都有积极参与宣传,也刊登了相当数量的作品。1998年《宁波日报》制作了抗洪公益广告,由企业认捐,获得费用捐出。1999年年底,《宁波日报》推出新千年第一期广告版位拍卖,"被拍卖的广告版位最抢手的是报眼,起拍价位为2万元,经过激烈竞争,南苑集团最终以3.85万元成交。此次2000年序日广告拍卖会,共成交广告金额14.28万元,将全部捐赠给宁波慈善总会。"③这种方式较之公益广告集中拍卖而言,更为灵活,也体现出党报在公益广告和公益事业方面更具有主动意识和参与的能动性。

到了20世纪末21世纪初,报纸广告迎来了发展的巅峰期,同时也进入到了多种媒介激烈竞争的时代。虽然报纸发展的黄金期已经过去,但报纸在新闻、广告等方面的探索,都对其他媒介起着重要的示范性作用。作为较长时间中唯一的大众化媒介和20世纪最重要的广告媒介,报纸留下的很多珍贵史料,仍待进一步的深入研究

---

① 孙优军,扶贫广告拍卖成功,宁波日报,1996-12-25,第一版.

② 神州遍布公益广告—"中华好风尚"受到各方面好评,宁波日报,1997-02-14,第七版.

③ 本报明年元旦部分广告版位拍卖 全部收入捐赠给慈善事业,宁波日报,1999-12-29,第二版.

参考文献

[1] 杜艳艳.《中国近代广告史研究》,厦门大学出版社,2013 年.

[2] 何玉杰.《中外广告史》,中国人民大学出版社,2017 年.

[3] 陈刚.《当代中国广告史·1979—1991》,北京大学出版社,2010 年.

[4] 林升栋.《中国近现代经典广告创意评析:〈申报〉七十七年》,东南大学出版社,2005 年.

[5] 赵琛.《中国广告史》,高等教育出版社,2008 年.

[6] 刘家林.《新编中外广告通史》,暨南大学出版社,2011 年.

[7] 余虹,邓正强.《中国当代广告史》,湖南科学技术出版社,1999 年.

[8] 杨海军.《中外广告史》,武汉大学出版社,2006 年.

[9] IAI 国际广告研究所、国际广告杂志社、北京广播学院广告学院.《中国广告猛进史(1979—2003)》,华夏出版社,2004 年.

[10] 刘光磊,周行芬.《〈甬报〉与〈德商甬报〉》,新闻大学,2001,夏.

[11] 王欣荣.《〈甬报〉初步研究》,杭州大学学报,1984(09).

[12] 周军.《从启蒙到倡导——〈甬报〉和〈德商甬报〉商业新闻传播评析》,国际新闻界,2010(03).

[13] 如竹,徐跃年.《历史上丰富多彩的宁波商报》,新闻战线,1989(11).

[14] 刘光磊.《论〈四明日报〉的立场、言论和新闻》,宁波大学学报(人文科学版),1999(04).

[15] 蔡罕.《近代宁波早期的自办报刊与宁波的近代化》,浙江传媒学院学报,2012(04).

[16] 周军.《"国民喉舌"和"民众先导"——民国时期〈时事公报〉研究》,浙江大学硕士学位论文,2007年.

[17] 曾璐.《〈时事公报〉研究》,宁波大学硕士学位论文,2011年.

索　引

G

告白

广白

广告

公益广告

广告管理

广告文案

冠名赞助

广告创意

广告公司

J

金臻庠

经营

M

民声报

N

宁波民国日报

宁波时报

宁波闲话

宁波日报

宁波大报

宁波商报

宁波晨报

宁波晚报

宁波人报

宁波大众

悬念广告

Y

甬报

甬江日报

Z

镇海报

镇海日报

浙东日报

字体

字号

中缝广告